指导选手踏上世赛征程

吉正龙收徒传承创新中华传统美发文化

# 吉正龙
# 中国美发大师

朱强 著

文匯出版社

# 吉正龙：如椽巨笔写春秋

我国美发美容化妆历史悠久，早在两汉时期，人们就有盘发梳髻的生活习惯，有的还用鸟羽、花草、金珠玉翠之类装饰头发，借此增加美观。曹植在《洛神赋》中就以“云髻峨峨，修眉联娟”的词句描写了神女美丽动人的形象。然而，发型艺术这朵艺术之花，只是在改革开放后随着人们生活水平的提高和旅游事业的发展才得以灿烂开放。

虽为毫末技艺，却是顶上功夫。

在中国美发界，吉正龙的名字如雷贯耳，提起他，业界无人不知。阳光明媚的一天，我来到一家全国美发连锁品牌公司的总部大楼，这里专门有一间吉正龙办公室，房间里书香文化氛围甚浓，办公桌上方有一幅匾额，工整地书写着“师恩重如山”，透射出主人对美发大师由衷的崇慕敬仰之意。吉正龙的美发人生，可谓匠心独运——沉甸甸的亚洲冠军奖牌，一张张率领中国美发健儿在世界最高层级技能竞赛舞台争金夺银的照片，让年轻人津津乐道。艺术范结合时尚新潮流，时间久了，这间办公室就成了美发师们成就美丽人生的样板间。

吉正龙者，中国美发之骄傲也。我作为业外人，很少去关注美发那点事，尽管美发早已走进寻常百姓生活，成为不可或缺的一个章节，点缀城市生活的交响曲，但在人们视野里，美发通常就是一碟小菜，看上去重要，又觉得不那么重要。

20 世纪 50 年代末，上海电影制片厂出品的《女理发师》，由著名电影表演艺术家王丹凤老师主演。影片红遍大江南北，着实让观众兴奋了一阵子。走进新世纪，香港电影《做头》上映，院线票房飙升，叫好叫座。

斗转星移，日复一日，年复一年，美发作为人们日常生活的刚需，始终未被完全认知和描摹。而人们，也只是习惯性地将美发师们亲热地称呼为“托尼老师”。

但在人们心中，理发有着非常重要的地位。

近年来，国家重视技能人才的储备与发展，派出代表参加世界技能大赛。世界技能大赛地位举足轻重，被誉为“技能奥林匹克”。中国美发走向世界技能竞赛场，中国人代表亚洲夺得了世界技能美发项目的第一块金牌。

30 多年前，射击名将许海峰在美国洛杉矶奥运会上获得中国奥运会第一块金牌。30 多年后，美发选手聂凤在巴西圣保罗参加第 43 届世界技能大赛，勇夺美发项目冠军。两大赛事，中国健儿均实现了金牌零的突破，做出历史性的贡献，他们出现在央视五一晚会节目现场，展示两个“奥运”同样精彩。人们惊叹：中华美发传统文化竟如此博大精深、内涵丰富。

2019 年 8 月，第 45 届世界技能大赛在俄罗斯中部城市喀山落下帷幕，浙江卫视、《钱江晚报》播发的新闻，引起我的极大兴趣。中国代表团美发选手石丹在比赛中荣获女子美发冠军，她也是美发项目摘金第二人，为国家赢得了荣誉。而中国美发项目参赛队总教练、专家组组长是个地地道道的扬州人——中国美发大师吉正龙。

一次偶然的机会，经他的爱徒陈平力荐，我有幸认识了吉指导。一来二往，在丽水、杭州、扬州、上海等地与吉指导进行了深入访谈，这些来自灵魂深处的交流，令我收获颇丰，印象深刻。

吉正龙是土生土长的扬州人，来自中国美发之乡，初中毕业后，经亲戚介绍到杭州当学徒工，一把剪刀，让他着了迷。他入行40多年，师从中国理发界四大名师之一的蔡万江先生，在杭州生活、工作30多年，带徒学艺；他勤奋好学，在党和政府的关心和培养下，他的专业理论、专业技能突飞猛进；他把大部分时间、精力花在研究技术上，致力于中国美发人才梯队建设，主编全国职业院校美业专业统编教材。吉正龙的世界几乎只剩下钻研“美发”这件事，在国内美发界独领风骚，他自己也成为中国美发亚洲冠军第一人。

自2011年起，吉正龙被人社部聘为世界技能大赛中国国家队美发项目总教练及专家组组长。他呕心沥血，踌躇满志，技能报国，薪火相传，创办美发职业学校，建立国家美发人才培训基地，为国家先后培养了50余名世界级、国家级美发赛事冠军；他带队连续征战六届世界技能大赛，共取得2金2银2优胜的佳绩……这位名副其实的功勋教练，为中国美发行业做出了卓越贡献，让一大批“德技双馨”的美发拔尖人才脱颖而出。吉正龙荣膺中国美发大师、浙江工匠、国家级技能大师工作室领衔人、全国技术能手等30多项荣誉，被评为教授级高级工程师，被浙江省人民政府授予一等功，是中国美发行业首位国务院特殊津贴获得者……

中国美发大师吉正龙之所以受到大家的热爱与敬佩，主要是因为他贴近生活。本书讲述了吉正龙的奋斗历程，通过故事化的情节，为读者提供了人生奋斗的一个视角。以温润体味人生，澡雪而精神，便有了从容前行的潇洒步履，生活不囿于脚下方寸，还有梦想。

我喜欢纪实文学呈现的内容，有真实的质感，为此不得不迂回呈现吉正龙当学徒工时的切片。大地的孕育，城市的包容，具有一种天然的融洽，在表现吉正龙与徒弟间的关系时，调度的角度尽量关注到多维度和可能性，而不是写成纯新闻文字。作为一个写作者，我不是社会学家、美发师，更不是政府官员，只是希望在引起大家兴趣的基础上，唤醒人们对美业的重视、对工匠精神的理解，这就够了！

听到一个年轻的女发型师情真意切说了句：“我们这个行业被重视，感到莫大的惊喜！这个行业太需要大众来关注、尊重了！”

不深入了解美发行业的人，很容易袖手旁观，发表一些不着边际的评论。可是，沉浸在美业的氛围里，你更容易感受到它的复杂性，不少人去了几次美容院，百感交集！

本书采用观察访谈、深入专访、调查等形式，全景式记录了吉正龙勇立潮头，敢为人先，弘扬工匠精神，传承创新中华民族美发文化，历尽艰难为国家培养一代代优秀美发师的传奇人生。通过他俭朴的生活、高贵的灵魂、永不褪色的人民情怀，我期望能给读者以启迪，从而在中国式现代化赛道上，做出更靠谱的人生选择。

使命胜过浮躁。让每一个苦尽甘来的奋斗者，成为广大年轻人踔厉前行的风向标，是我完成此书的初心。

2023 年 3 月 16 日写于上海

# 目 录

# 第一章
# 少年英雄从苦难中走出

吉正龙，土生土长江苏省扬州人，从小生活在扬州市邗江县酒甸镇酒甸大队吉西生产队，父母以种粮为生，老实巴交，善良朴素，从未上过一天学，目不识丁，过着贫困潦倒的日子。

20世纪六七十年代的苏北农村，人口多、耕地少，没有工业，农业极其落后。吉正龙的父母生育儿女七人，吉正龙是老幺，上面有五个姐姐、一个哥哥。

因为家里太穷，青菜、咸萝卜、稀粥度日是常态。为了养活七个子女，家里无奈，把原先盖的一间瓦片房的瓦片与门板拆除，卖掉换点钱贴补家用，剩下三间茅草房供一家人居住。家里养了一头猪，但一家人早已习惯了几个月不吃肉的日子，到了春节杀了猪，只留下猪头和猪蹄过年，其余的都拿到大队部卖了。

吉正龙常说，我们家父母好伟大，养活了七个孩子，隔壁宅基地一户农家，死了两三个小孩。

吉正龙的父母，一辈子都是面朝黄土背朝天的农民，只知道日出而作、日落而息，照顾他们的庄稼。尽管没文化，但父母心里明白：要读书。于是，父母勤俭度日，用那点微薄的收入，供六个子女（除四姐外）上学，严格教育，培养他们从小吃得起苦，懂得长大如何做人，把家的门面撑起来。

一家子，唯独吉正龙四姐没上学，大字不识一个。四姐聪明能干，有一年，邗江县组织插秧比赛，她得了第一名，公社领导让她做大队的妇女队长，可是四姐不识字，表达能力也欠缺，吉家唯一的“芝麻绿豆官”就这样泡了汤。

1978 年初夏的一天，骄阳似火，正值农村“三抢”大忙季节，家家户户起早贪黑在田里劳作。吉正龙帮家里稻田插完秧后，独自一人走在乡间小路上。下过雨，田埂烂泥路泥泞不堪，鞋子上沾满了泥浆，深一脚，浅一脚，走在路上的吉正龙眼神发光，丝毫没有疲惫模样，他迎面碰上了住在不远处的生产队亲戚。

“龙啊，初中快毕业了吧？”

“还没有，叔。”吉正龙停下脚步。

“叔到时候给你介绍一门手艺活。”

“嗯嗯！”

远房亲戚停顿三秒，直白地说：“等你初中毕业，反正快了。”

两人各自离开。

吉正龙年少时品学兼优，被评为学校“三好学生”，参加公社少先队学雷锋先进代表会议。他小小年纪，带着小伙伴，帮助大人清除村里河道污泥。他还报名参加运河大开通，因年龄小未被录用，但这个小举动，村庄里乡里乡亲记忆尤深。

吉正龙家门口那条小河，清澈见底，碧波荡漾，当年开挖小池塘，在河道两旁种下十几棵杨柳。40多年后，流水潺潺，杨柳依依，河与树，凝聚他与小伙伴当年的劳动成果。

一年后，吉正龙初中毕业，远房亲戚没有食言，找上门来。

亲戚笑着问："龙啊，想不想学，给你找个师傅？"

吉正龙愣了半天。

"学什么？"

"学开手扶拖拉机。"

"这个好呀！"他有点喜出望外。

不多久，远房亲戚介绍他到邻近生产队拜师学艺。天生动手能力超强的吉正龙，勤奋好学，一个多星期就拿到了扬州市手扶拖拉机驾驶证。

当时他开的双轮手扶拖拉机，已在大城市小郊区流行起来，新华厂生产，每台2000多元，在这个穷乡僻壤的生产队，算得上是"高大上"的新式武器。

当时，吉正龙身材不高，瘦弱，每天发动拖拉机都颇耗费精力。用工具转动皮带盘，一不小心，皮带就会划到头上，把头发连根拔起。公社其他大队曾发生过类似的情况，为此，他母亲始终非常担心，每次出工，都要千叮咛万嘱咐。到了寒冬腊月，吉正龙必须在前一天把油箱里剩余的柴油抽空，到第二天早上，再烧两壶热水给油箱加温，时常一个人打不起来火，要靠姐姐帮忙，一起拉动。

80年代初，农闲时，吉正龙随大队运输队，20多辆板车、3台拖拉机，浩浩荡荡，给有需求的农户运黄沙石子。

1981年初，随着改革开放，农村推行家庭联产承包责任制，生产队实行分田到户。大队干部找吉正龙聊，拖拉机实行承包，整个生产队多少亩田，各种成本计算好，都归他管，一年交给生产队多少钱，其余就是他的所得。

吉正龙一言不发，抽着烟，寻思着这活怎么干。

大队干部走后，母亲自言自语：这么小的人，起早贪黑，又不安全，不一定干得好，挣不到几个钱。不如学个手艺，靠手艺活吃饭，饿不死。

父亲在一边喃喃地说："龙，还是跟你表哥学理发，到杭州去。"

母亲用坚定的眼光看了父亲一眼，转身到厨房做饭去了。

吉正龙茫然。

家人给杭州的表哥写了信，过了三个星期，表哥回信说，家里三个人住12平方米小阁楼，龙来实在没有地方住。

收到信，父亲气不打一处来，立马让家人再写封信。"舅妈家的儿子，不带也得带。"语气坚定，内容简单，有点命令的味道。

吉正龙只身前往杭州学艺。吉正龙回忆道，起初到杭州学理发，拜师学艺，纯属无奈之举，因为家里实在太穷，儿女们一连串，父母养不起，生活窘迫。有一年，家里有个在新疆开理发店的亲戚，回扬州老家一趟，见吉正龙一家生活过得艰辛，考虑把他带到新疆学理发。那时吉正龙才9岁，父亲不作声，母亲死活都不肯，孩子太小，新疆坐火车就得五六天。

吉正龙到了杭州不久，之前与他一起开手扶拖拉机的师兄弟，打来长途电话："龙，回来跟我们一起干吧，天天拉货，搞运输，忙得不可开交。"

吉正龙没有回答。

后来这些师兄弟都发财了，买起四吨卡车，盖起三层楼瓦房，个个当起了运输小老板。

对于这些曾经情同手足的兄弟的好言好语，吉正龙没有因眼前的诱惑而动摇。

吉正龙不是电影里的超人，没有什么特异功能。既然自己选择了另一条道路，就不能患得患失、瞻前顾后。除了一腔热血，最重要的是他知道自己要学习，勤奋，才能有能力、有机会勤劳致富。

"既然到了杭州当学徒工，自己也没有太大的野心，不如踏踏实实学一门养家糊口的手艺，贴补一下家用，有朝一日，回老家开店，赚钱把草房改为瓦房，为父母争点脸面。"吉正龙当初的想法异常简单。

# 第二章
# 浙江青年女子美发培训班

杭州解放路 188 号的“女子美发培训班”，学徒都是从各家国有企业招工进来的，在这里接受女子理发培训后再回原单位。在计划经济时代，几乎都是这种模式。

吉正龙带着父母的叮嘱来到杭州，起先住在表哥家。一间 12 平方米的蜗居，除了床和沙发，还堆满杂物，进出都很困难。吉正龙晚上回去，不敢打扰熟睡中的表哥一家子，轻手轻脚地走到沙发上睡一宿。在表哥家待了一个星期后，吉正龙正式到女子美发培训班当学徒。起先他一个星期值三天班，领导了解到他实在没地方住，就把夜间值班的事交给了他。这样一来，居住问题解决了——四平方米大的房间，但住得还算踏实。吉正龙每天都要早起烧锅炉，那个炮仗炉子。一开始炉子点不起来，一位退休阿姨教他：用医用凡士林，加点油，电吹风吹。好不容易把锅炉点上，开始烧水，眼睛已被炉灰熏得一片模糊。晚上，吉正龙还要负责擦地搞卫生。这就是他有值班室这个睡觉地方的条件。

学徒收入是三毛钱一天，在 1981 年，月工资能拿到九元钱，还算不错了。但吉正龙独在异乡，孤独的生活和未知的前景常常让他的内心充满无助感。

一天晚上，吉正龙凝视着夜空中稀少的星星想着心事，突然想明白了自己一生要的是什么，他内心坚定起来。

理发是个手艺活，靠的就是勤学苦练。相比其他来自国营店的学员，他这个外地来的小学徒，无疑要付出更多的辛劳和努力。在师傅程更生的带教下，吉正龙起早摸黑地练摇刀、练手腕、练站姿，往往一站就是45分钟，两臂平抬，整个人像雕塑那样一动也不动；练刀的时候也没有任何模具，吉正龙就在膝盖上练习刮胡子，一双腿经常被刮得红肿破皮。

辛苦之余，最折磨他的还是思乡之情。每到深夜，结束了一天的忙碌，人生地不熟的落寞就席卷而来，让他有种欲哭无泪的感觉，“分分钟想弃学回家”。一有空，吉正龙就给家里写信，跟父母说自己想回家开个小店。然而父亲坚持要他留在杭州，好好学习手艺；母亲也坚决不同意：“龙，你在杭州拜师学艺，回到老家，村子里人会怎么想，肯定认为你在杭州混不下去。”

吉正龙回忆道，父亲告诉他，扬州三把刀——理发刀、修脚刀、厨刀闻名天下，他们家族每一代都有人操刀，一个叔叔在新疆，两个姑父在天津，都是当地理发行业的名师：你也可以到新疆乌鲁木齐跟叔叔干，手头有技术，怕什么？

母亲则告诉他：你学什么都很快，脑子不笨，手脚勤快，新疆不能去，大老远，火车要坐六七天，脚都坐肿了。母亲死活都不支持他去新疆，为了这事，还与父亲吵了一架，说：“老头子，你只想要小儿子在外面挣钱，也不管他会不会受苦。”

母亲看透父亲那点小心思，家里子女多，生活艰苦，早出去一个，甩掉了一个包袱，家里负担就会轻一点。

但不管怎么样，父母都是为儿子着想，手心手背都是肉。

在父母亲的鼓励下，吉正龙为了早点出师，更加刻苦学艺。

白天他跟在师傅身边认真学习理发技能、虚心求教，一刻也不马虎，在完成日常训练内容，干完杂活之后，晚上还要加班加点，常常苦练基本功到深夜，从来不叫一声苦。

靠着一股拼劲，吉正龙进步飞快。学了两个月，有一天下班前，师傅拍了拍吉正龙的肩膀：“明天你准备上头剪。”听到这话，吉正龙又激动又紧张，兴奋得一个晚上都没睡好觉。

第二天上午，理发店进来一位长发飘飘的女大学生，要做一个时下最流行的电烫发，一个样子“三刀式”。师傅把吉正龙叫了过去，吩咐他，“她要电烫的，你先剪，刘海剪长一点，我好改。”

吉正龙点点头应下，脑子里却是一片空白。

平常师傅再三叮嘱，女发第一刀，最是要害，刘海不能短，短了就烫不成。然而正式上手给客人剪的时候，这些话他一句也记不得，拿着剪刀的手直发抖，“咔嚓”一刀，就把客人的刘海剪得只剩下一点发根！这下坏了，客人尖叫，他吓得“丢下剪子跑到房间里躲着，死活不肯出来”。

没办法，师傅只好给客人剪了一个男孩头。

第一次给顾客剪发就出师不利，让吉正龙耿耿于怀，但这并没有打击他的信心，反而激发了他的斗志。

从那以后，吉正龙一边钻研理发技术，高标准地打磨自己的手艺，一边调整心态，尽量避免任何失误。

四个月后，当那位女大学生再次来到店里，吉正龙胸有成竹地接待了她，给她烫了一个漂亮的中长发。这一回，客人表示非常满意，他也开心地笑了。

入行的不顺反而激励着吉正龙高标准打磨自己的手艺。“让发型设计真正适合顾客，就要根据顾客的年龄、气质、性格、出席场合等方面进行综合考虑，然后根据经验进行塑造。”吉正龙说。

在他看来，美发与每个人都息息相关，从牙牙学语的天真孩童，到白发苍苍的耄耋老人，“顶上功夫”可都关系着形象，不可随意。

就这样，靠着不服输的干劲和比别人多几倍的勤学苦练，吉正龙在当了 6 个月的学徒后，以出色的成绩顺利出师了。

这段学艺的日子刻骨铭心，虽然每一步都走得艰难，但吉正龙收获的不仅仅是美发的技能，更有着勤奋的习惯和对未来的信心。师傅程更生就曾说：“小吉，是我见到过的最能吃苦、最勤奋的学徒。”

# 第三章
# 厉害的小吉

出师后不久，经表哥推荐，吉正龙来到海宁县一个名叫夏家弄的集镇。夏家弄镇非常小，三分钟就能走个遍，说是集镇，其实就是有几间门面房，开着几家日用百货店、猪肉店、粮油店什么的。

吉正龙要去的那家理发店，就开在集镇上，他去的目的，就是帮助指导店里的美发师掌握化学烫的技能，因为这家店一直采用电热烫。有一次，理发师一不小心，把顾客的头发烫坏了，这下可摊上大事了。店家听说大城市里时兴化学烫，于是就到处打听，要请位技术好的理发师来指导指导。经过辗转介绍，吉正龙接下了这趟活。

为了节省钱，吉正龙骑着辆自行车，一路从杭州骑到海宁，足足骑了三个多小时。根据事先谈妥的，吉正龙做满一个月，店主支付他 300 元工资。店主让吉正龙住在集镇右上角轧米仓库一间十分简陋的平房里，房间连窗户都没有，阴暗潮湿，到晚上，蚊虫叮咬，让人难以入睡。最难以忍受的是，每天清晨四五点钟，就有农民推着板车把稻谷拿来，排队等候轧米，嘈杂的机器轰鸣掺杂着人们扯着嗓子的说话声不绝于耳，而轧米机扬起的谷灰也充斥房间，让他根本无法休息。

这一个月的日子，吉正龙过得异常煎熬，真可谓度日如年。

终于结束了一个月的带教，吉正龙又回到了杭州。经人介绍，吉正龙来到钱塘江南岸的萧山电化厂职工理发室，成了这里最年轻的理发师。

刚进工厂理发室，他被吓了一大跳，一男一女两个理发师都是大块头，男的人称“三百斤”，喜欢喝高度白酒，酒过三巡，有点醉意，见职工进店理发，他随手戴上口罩，眼睛闭着，照样给客人刮胡子，驾轻就熟地在脸面上涂上肥皂沫，一刀来，一刀去，竟然没有刮破些许皮肉。看着这番操作，吉正龙吓得整个人都在发抖。

一天周末，正在工厂值班的分管生活的胡厂长，笑嘻嘻推门而入，看见了正在帮客人理发的吉正龙。

“翟师傅，又来一个学徒？”胡厂长随口问道。

“哦哦哦，胡厂长，这位是新来的发型师，朋友推荐来的，姓吉。”

胡厂长与吉正龙对视一眼，笑笑点头，算是打了个招呼。

厂里女工比较多，而吉正龙正好擅长做女发。

两年下来，全厂一万多工人都知道理发室的小吉手艺好，做出来的发型又时髦又好看，他吹过的头发，跟烫过的一样。小吉也算是名声在外了，厂子里“七里八乡”都流传着他的技艺如何高超。电化厂是三班倒，小吉上班时，女工们总是候着点排队等着他打理头发。

两个大块头理发师显得无所适从了，没人找他俩剪发，他俩只好做些洗头之类的辅助工作。

理发室生意红火，小吉的好名声传到了厂长、书记的耳朵里，厂领导也找上门来。不久，吉正龙带了个徒弟，经常从早忙到晚。电化厂效益好，远近闻名，理发室的收益，吉正龙与工厂三产公司对半分成。从1982年初到1983年底，吉正龙在电化厂理发室工作了两年，虽说收入不错，比一般工人都高，但吉正龙总觉得待在这里不是长久之计，因为没有前途。

吉正龙是个敢于挑战自我的人，他又有新想法了。

1984年，吉正龙进入杭州市孝丰路上一家濒临倒闭的理发室。

刚到店的时候，理发室里只有两位上了年纪的师傅，顾客寥寥无几，一个月的营业收入连基本工资都开不了。

俗话说，是金子到哪儿都会发光！

凭着精湛的手艺，不到两年时间，吉正龙就把这家曾经濒临倒闭的理发店做火了。不仅客人越来越多，名气越来越大，就连隔壁电视台的主持人都成了他的常客。

进店的客人10个里面有9个都指名道姓要吉正龙理发，吉正龙忙不过来，店里的两位老师傅干脆给他打起了“前站”，帮他把客人的头先洗好。客人多，有时五六个女顾客同时要做剪吹烫，吉正龙也分身有术，他就像一个魔术师，把时间安排得妥妥的，一个在烫，一个就剪，紧挨着一个吹，程序、节奏把控有度，谁都不耽误。看着吉正龙有序忙碌的身影，顾客们纷纷向他竖起大拇指，夸赞说："小吉，厉害的！"

生意好了之后，吉正龙的绩效奖金一路飞涨到了每月500多块，远远超过了普通工人三四十元的月工资。

就在这个时候，表哥找上了吉正龙，告诉他杭州市里生意最好、名气响当当的老牌国营理发店"时美"在招人，问他要不要去。

家喻户晓的"时美"是杭州唯一一家特级美发厅，它历史悠久，精英荟萃，长期独霸一方，引领着浙江省的美发新潮流。当时，大型国有企业一般都不招收农民工，更何况是"时美"这样的行业翘楚。可因为国营店太少，杭州城里出现"理发难"的情况越来越突出，这引起了杭州市政府的高度重视。市政府随即出台政策，鼓励更多的有志青年进入服务行业。

在党和政府的政策引领下，时美美发厅迅速响应号召，在全市第一批开始招收农民合同工。"杭州后来招了成千上万的农民工，就是从这里开始的。"

听到这个消息，吉正龙喜忧参半，有能进大型国企的激动，也有收入可能减少的顾虑。吉正龙思来想去，寝食难安，他仔细地做过比较，算过一本账：要是进"时美"，农民工是十年合同，每个月的工资是36元，还不到他现在收入的十分之一。去，还是不去？

几番纠结，吉正龙最后还是一咬牙奔着前途去了。吉正龙告诉自己，"时美"是杭州最大的国营店，门庭若市，是老百姓心目中的香饽饽，不少理发师挤破脑袋想进去都找不到门路，何况进去之后对提升手艺肯定是大有帮助的。去，他必须去！

吉正龙万万没想到，因为党和政府的这个政策，因为自己当时做出的这个决定，彻底改变了他的整个人生轨迹。

大仲马在《基度山伯爵》里说，人类的一切智慧都包含在这四个字里面：等待、希望。

# 第四章
# 亚洲金牌零的突破

经过一番考核，1985 年，吉正龙如愿进入时美国营美发厅。尽管之前无论在哪家理发店都受到顾客的一致好评，但初入“时美”时，吉正龙还是坐了冷板凳。大家看他是个农民工，理所当然地认为他技术肯定不行，看他的眼神也就多少带着些不屑。

“时美”这样很有名气的老牌国有企业，理发师人数多，论资排辈，亲疏有别，乃至技术上的相互不服气、工作上的“明争暗斗”等等自然也会有。对于这些，吉正龙丝毫不去在意，他知道，自己是个农民工，自然会有人不把他放在眼里、不当回事。面对一些偏见、嘲讽，吉正龙并不出言反驳，而是心平气和地面对。他坚信自己的能力，他相信，时间能证明一切，假以时日，他必定会让人刮目相看。

20 世纪八九十年代，要创作一个新的发型，常常需要几十个模特儿，这是理发行业的特殊性。一次，吉正龙与家人上街买东西，发现迎面走过的一个女孩发质很好，而且脸型也特别适合他新设计的一种短发，他扔下家人就追了过去。女孩惊慌地望着他，吉正龙赶紧自我介绍，道明原委，还忙不迭地掏出随身带的工作证给她看，女孩终于被说服了，第二天，就去“时美”试剪了新发型。

其实，这样的“洋相”，吉正龙常出。在他这儿理过发的姑娘们，常常理一次就认准他，渐渐地，在他的周围出现了一个固定的理发人群。

一天，一位直发过腰的姑娘愁眉苦脸地走进“时美”。原来，姑娘要结婚了，想在婚礼上束一个漂亮的发髻，可因为她既不肯烫发，又舍不得把头发剪短，跑了好几家店都被打了回票。姑娘被领到了当时的高级部主任吉正龙那儿，吉正龙满口答应。凭着平时扎实的基本功，他不到一小时就盘出了一个华丽高贵的直发发髻，使新娘满意而归。以后，这位姑娘不仅成了吉正龙的常客，而且还介绍了好几个新娘来吉正龙那儿束发，他的名气越来越响，请他束发的女性顾客有的早上6点就到时美美发厅等着排队拿号。

这些年，吉正龙积累了丰富的理发经验，技艺日渐娴熟。无论是男发女发，无论是剪发烫发，他样样精通，堪称全能，当时颇为流行的“三刀头”“一刀齐”，都是他的拿手技艺。

没过多久，吉正龙就用出众的实力改变了别人对他的偏见。他所在的女子部几乎天天客人爆满，新老顾客络绎不绝，等着烫发的人常常排起长队。

逢年过节，吉正龙就特别抢手，一些客人会找人托关系请吉正龙帮自己剪发美发，吉正龙常常忙得连喝口水的时间都没有。

机会总是留给有准备的人。1986年，杭州市举行青工技术比赛，吉正龙一举拿下了理发项目的全能奖，接着又一鼓作气到省里参加比赛，顺利斩获第一名。

吉正龙获得全省理发比赛冠军后，时美美发厅不仅给他发了一笔奖金，还直接将他升为三级工。一时间，吉正龙感觉像是做梦一样。“没想到剃头的手艺还能参加技能比赛，没想到自己还能拿全省冠军，没想到自己这剪发美发的手艺会给自己的生活带来这么大的变化。”吉正龙心里乐开了花，内心深处真正喜欢理发这个行当的火种一下子被点燃了。

吉正龙对自己所从事的这个职业有了不一样的认识，顾客满意的笑脸，真诚的道谢，让他感受到了工作的价值和意义。他认识到，理发是个手艺活，但不只是个简单的手艺活，洗剪吹烫染护样样有学问，深奥得让人看不到边际。每一项技能都能给他人带来幸福与快乐，也能给自己带来尊重与自豪。吉正龙心里燃起了一道光，照亮了他前行的路途。他告诉自己，一定要竭尽所能不断提升自己的技能，他的目标盯上了各类技能大赛，他要通过参赛来证明自己，同时也检验自己的手艺。

为了提升手艺赢得比赛，吉正龙不敢有一丝懈怠。工作再累也从不偷懒，一到休息时间就拿上剪刀琢磨新发型，哪怕成了家，他也尽可能挤出时间钻研业务。在吉正龙眼里，从来都没有“休假”这两个字，几乎所有的时间和精力，他都倾注在了美发技能的钻研上。

后来，吉正龙当上了时美美发厅的副总经理，经常到上海沪江、华安、新新、南京等中华老字号理发店上门取经。

“吉经理，欢迎来传经送宝。”上海这几家名特优老字号的老总，对吉正龙的到来总是格外欢迎。

“不敢当，小弟来向上海老大哥学习了。”吉正龙也总是很谦虚。

沪杭两地同行交流频繁，关系亲密无间。每一次到上海，吉正龙都是带着真诚学习虚心请教的态度而来，带着上海美发时尚、前沿技艺和创新理念等宝贵经验而归。

功夫不负有心人。此后，吉正龙每每参加省、市大大小小的专业比赛，总能拿下各种奖项。

1990年，共青团中央、劳动部、全国总工会、机械电子工业部、纺织工业部、建设部、商业部联合发出通知，决定举办首届全国青工技术大赛。

举办这次大赛的目的是贯彻中央领导同志关于重视工人技能培养，把较高层次的技能培训抓起来，把广大工人的注意力引导到提高技术技能上来的指示精神；大力弘扬雷锋精神，进一步激发广大青工立足本岗位钻研技术、争做贡献、立志成才的热情，推动群众性技术练兵比武活动的蓬勃开展，提高青工的社会地位和主人翁责任感。

大赛共设9个工种：车工、钳工、焊工、细纱挡车工、织布挡车工、瓦工、抹灰工、美发、烹调。大赛分两个阶段进行：第一阶段各地层层开展岗位培训、技术练兵和选拔赛，产生全国决赛选手；第二阶段全国性决赛，树立表彰能手。

在大赛推动下，全国有4000多万青年参加了技术练兵比武活动，500多万青工参加了九大工种的选拔赛，8000多名青工参加了省级比赛。从10月13日至11月19日，由各省市选拔出来的500名选手，相继在北京、上海、长春、石家庄、德阳等地，按高级工应知应会的标准，展开了紧张激烈的决赛。党和国家领导人对大赛十分重视，江泽民、李瑞环、薄一波、余秋里、张劲夫、康世恩、倪志福等领导同志为大赛题了词。

10月27日，李瑞环、倪志福亲临北京赛场视察。

11月20日，七个主办单位在北京人民大会堂隆重召开总结表彰大会，李瑞环、丁关根、余秋里、康世恩、倪志福、邹家华等接见了代表，各工种决赛的前十名选手分别被授予“全国青工技术能手”和“全国新长征突击手”称号。

这次大赛规模之大，参赛人数之多，是新中国成立以来的第一次。它既是90年代青年工人思想、作风、技术的一次大交流，又是对他们的精神风貌、技术水平的大检阅，也是引导和组织广大青年工人岗位练兵、岗位成才、岗位奉献的一次动员。大赛取得了一定的人才效益、经济效益和社会效益。

对于首届全国性技术大赛，各省市都高度重视，浙江省也进行层层选拔赛，挑选出优秀青工技能选手参加。

当时，个体理发店相对还较少，规模也都很小，所以，这类技能比赛一般只有国营店职工才能参加，去角逐美发行业全省仅有的2个参加全国大赛的名额。

竞争异常激烈，而吉正龙也摩拳擦掌志在必得。从店里到区里、市里、省里的一次次比赛，吉正龙凭借过硬的技术和创新的设计，每场比赛的成绩，排名不是第一就是第二。过五关斩六将，吉正龙如愿拿到了全国大赛的参赛资格。他心中又锚定了全国美发技能大赛的冠军，他想以此表达对杭州市党和政府的感谢，感谢他们给一个农民工带来的人生巨变。他心里清楚，如果没有当初国营店招收农民工的新政策，他就不会有今天，也不会有参加比赛的机会。

很快，吉正龙踏上了征程，跟随由浙江省饮食服务公司刘维明副总带领的参赛队，前往上海中亚饭店参加全国大赛。

吉正龙信心满满，志在必得，然而令他始料未及的是，他不仅没拿到冠军，甚至连决赛都没能参加。

第一天上午比女发，吉正龙得了第一名。下午比男发，吉正龙得了第二名。综合评分排名第一。

晚上吃饭，各省市代表团人员纷纷到浙江代表团这桌来敬酒，祝贺吉正龙旗开得胜。吉正龙也满心欢喜。

第二天，考理论，吉正龙考了 79.5 分。看到其他选手的成绩，吉正龙傻眼了。很多选手的理论分都比他高，其中不乏拿满分的。

按照评分规则，理论分占总分的 30%，实操分占 70%。综合算下来，尽管吉正龙实操分名列第一，但综合得分在 25 个省的 50 名参赛选手中，连前 20 名都没进。

吉正龙折戟在了理论模块，回想以前参加的比赛，从来没有理论考试，他对理论考试的重要性完全没有认识，也就没有花大力气去准备，到这时再后悔也无济于事了。

浙江省没有拿奖，一米八五大个子的带队队长，在现场哭得像个小孩。

吉正龙也哭了，满心伤痛无法排遣。回到杭州，吉正龙深感无颜见江东父老，情绪低落到了冰点。

令他没想到的是，领导和同事们并没有因这一次的失败而小瞧他、放弃他，新的机会转眼就摆在了他的面前。

只隔了一天，省商业厅领导来到了时美公司，见到吉正龙，笑问道：“怎么，这次大赛考得不理想？”

“哎！实际操作还好，但理论考砸了。”吉正龙垂头丧气地回答。

“不要灰心，小吉，再给你一个机会。刚接到商务部文件，中国加入亚洲发型化妆大赛组织，要组建国家队，参加亚洲发型化妆比赛，国家十月份将在四川成都进行选拔赛，我们看好你，浙江省就不举行选拔赛了，你就作为浙江省的种子选手，直接参加国家队选拔赛。”

吉正龙简直不敢相信自己的耳朵，半天才回过神来，他一把抓住领导的手连声道谢：“太谢谢领导了！”

抑郁之情立刻消散，吉正龙心中瞬间又燃起了熊熊斗志，他激动得直搓手。

“如果能进国家队，就能代表国家出去比赛，为国争光了！”吉正龙心中升腾起从来没有过的庄严感，“我一定不负众望，全力拼搏。”吉正龙立刻投入了赛前准备，他找来一大堆杂志反复研究，细细琢磨，没日没夜地设计、演练。

没过多久，吉正龙登上了开往成都的火车，在车上，他也在争分夺秒地设计发型。

这次选拔赛有三个比赛项目：男士时尚发型、女士时尚发型、晚宴发型。

什么是晚宴发型？吉正龙一点概念都没有，杭州也没人做过，问了一些同行，回答也都模棱两可。正因如此，吉正龙更想挑战自己，他毫不犹豫地报了晚宴发型。

思来想去，吉正龙琢磨着晚宴发型应该跟新娘发型相似，既端庄又高贵，而新娘盘头正是他的拿手活，时美美发厅高峰时一天要做上百个新娘头，他一人就能做 20 多个。他拿定主意就从这个方向入手。

比赛当天，吉正龙请了长发及腰的同店化妆师吴秀华做模特。

整场比赛中，其他模特都烫着卷发，只有他一人用直发盘出了发型。

比赛结束宣布成绩的时候，先报比赛号再报名次。吉正龙紧张得手心直冒汗。

第三名，没有。

第二名，不是他。

浙江队的几个人你看看我，我看看你，不禁有点泄气……坐在吉正龙旁边的领队——饮服公司业务科长轻声说：“小吉，看样子，没戏了。”

吉正龙低下头，一言不发。

忽然，主持人最后报出：

“95号！第一名！”

领队一下子跳了起来，兴奋得忍不住大声叫道：“95号是我们，吉正龙！”

“我们拿了第一名！我们拿了第一名！”领队挥舞着双手。

吉正龙同样雀跃而起，用地道的扬州话说：“抱一哈子。”

两个大男人喜悦地抱在了一起。周围的人都鼓掌欢笑。

“吉正龙，你可以加入国家队，代表国家出征了！”带队领导们都向吉正龙表示祝贺。

第二天，成都工人文化宫热闹非凡，前三名选手应邀上台表演。记者纷纷涌了上来，争先恐后地向吉正龙提问。

“吉老师，请问您获奖的这个发型有名称吗？”

“有，叫‘川柳式’。”

“为什么取了这个名称？”

“因为比赛举办地是四川，所以我在发型后面盘了几个块面，代表四川，前面插了一朵花挂下来，代表西湖的杨柳。川柳，彰显着美好。”

“能把直发盘到这个程度，实在太厉害了！”业内一名资深专家向吉正龙竖起了大拇指。

吉正龙顺利进入国家队，将代表国家出征1991年6月的第15届亚洲发型化妆大赛。

赛前，国家队专门请了名师到上海给队员们集训。吉正龙有幸结识了中国四大理发名师之一的蔡万江老师，并如愿拜他为师。蔡大师专门为吉正龙做辅导。蔡万江大师手上功夫了得，能单手上阵剃胡须，不用左手佐助。他独自闯荡上海滩，创办了“沪江理发厅”，不仅以“刀口波浪”的名号誉满沪上，在东南亚也是赫赫有名。他烫的长发波浪，睡觉、洗澡、风吹三不走样，被誉为“理发状元”，是当时浦江两岸美发界刮起旋风的“四大名旦”领军人物。

吉正龙师从蔡万江，学到不少“精髓”。大师历尽艰辛却矢志不渝的人生经历，大师身上要为国家和社会做贡献的精神深深感染着吉正龙，更坚定了他技能报国的信念。

吉正龙知道国家十分重视这次比赛，为此投入了不少人力和物力。

他暗暗下决心，一定要取得漂亮的成绩，不负党和政府的期望!

然而，技能报国之路并不会那么一帆风顺。

赛前，吉正龙与天津的耿宗革、南京的李志安（均为当地著名美发师）一起到达了比赛地——香港。

由于是第一次参加这种国际比赛，吉正龙心里并没有清晰的概念，以为只要把发型做好就可以了。实际上，这样的国际大赛，比的不仅仅是发型设计和制作，还对发型与服装、妆面以及耳环、手镯、项链等饰品的搭配等有极高的要求，非常考验美发师对美、对时尚的整体认知和创新能力。

尽管吉正龙也准备了一套服装，但跟其他国家和地区的选手相比，还是有明显差距。最终，吉正龙的比赛成绩虽说在中国内地所有参赛项目中是最好的，但也只拿到了一个优胜奖。

这显然满足不了吉正龙的“野心”。

回来后，中国美容美发协会乔淑华会长把吉正龙叫了过去。

“小吉，你有灵性，手也巧，有一定实力，我非常非常看好你。”

“谢谢乔会长的鼓励。”

“小吉，作为国家队的种子选手，希望你能继续参加下一届比赛！明年你就不用参加全国选拔赛了，直接进国家队训练。”

“嗯，好的。”吉正龙眼神坚定刚毅。

这次参赛的经历，极大地扩展了吉正龙的视野，他意识到，要拿冠军不能只注重技术，还要重视发型和服饰、妆面的搭配，注重整体美。

为了提高个人技能，吉正龙在组织的安排下，到上海继续向蔡万江大师请教。同时，他又找了中国美术学院吴海燕老师帮忙设计服装，找到浙江艺校毛戈平老师帮忙设计妆面。

那段时间，吉正龙如痴如醉地钻研，全力以赴备战亚洲发型化妆大赛。

蔡万江大师来杭州上门指导吉正龙。如何设计妆面，如何搭配服饰、鞋子。吴海燕老师找来模特儿现场指导，中国美容教母郑明明也亲自来为吉正龙出主意。

1992年，第16届亚洲发型化妆大赛再度拉开帷幕。

比赛还是在香港，吉正龙还是选择晚宴发型，取名为“华夏缤纷”。

只不过这一次，吉正龙准备得非常充分，不仅发型设计新颖，理念表达清晰，整体完美度的打造也非常出众，处处透露着东方之美、创新之美！

比赛现场，吉正龙的作品成为全场最具震撼力的爆款，一炮走红。

经过激烈的评比，在维多利亚港的游轮上，赛事的最终结果于晚宴中揭晓：

优胜奖……

季军……

亚军……

最后是冠军：“China！”

听到大家的欢呼声，吉正龙热泪盈眶。本次比赛中，他技压群雄，一举荣获女士晚会发型组最佳发型设计奖和发型优秀奖两项奖牌。多日的不懈努力，夜以继日的刻苦钻研，终于让他抱得冠军归，实现了他报效国家的愿望！

“吉正龙——中国——OK！”

颁奖仪式上，彩旗和鲜花飞舞，掌声和欢呼声像海浪般起伏轰响。由60多个日本人组成的一支啦啦队，为了向吉正龙表示祝贺，竟打出了中国国旗。

这幕动人的场景，让吉正龙真正体会到做一个中国人的无限荣耀，他激动得眼睛湿润了，在心中立下了誓言：为发展我国理发事业，为中国的理发技术走出国门冲出亚洲而倾注毕生的精力和心血！

相信美发的力量，让世界看见中国美。

吉正龙斩获的发型项目冠军，也是中国在亚洲发型化妆大赛中获得的第一个冠军。

凯旋后，公司在杭州天香楼摆了整整30桌，宴请时美的全体员工为吉正龙庆贺，公司宣布，给吉正龙加两级工资，直接农转非，将其户口迁入杭州。

吉正龙别提有多高兴、多激动了，同时，他内心也充满了深深的感激。他知道，自己一个农民工，能走到今天这一步，能获得这样的成绩和待遇，离不开国家发展带来的机遇，离不开各级政府的信任和培养，离不开所在单位以及各方人士的支持和帮助。自己唯有更加努力，以更好的成绩报答国家，报答社会。

吉正龙义无反顾地开启了新征程！

尽管在首届全国青工技能大赛上名落孙山，但吉正龙在业界却打出了知名度，而亚洲发型化妆大赛的成绩让他引起了方方面面的关注。

1992年9月30日，全国优秀青工技术能手巡回表演团在北京成立，来自全国商业系统11位技术能手中，美发有两位，吉正龙就是其中一员。

西安、兰州、北京……技术能手们巡回展示自己的技艺。

浙江卫视播放50分钟专题片介绍吉正龙的美发技艺，浙江几乎所有的报纸也都进行了报道。

1993年，吉正龙开始担任亚洲大赛美发项目的国家队教练，此后，经他训练的选手，拿到大赛冠亚军的就有30多人。

吉正龙在时美美发公司做了10年，他深深感受到党和政府对技能和技术人才越来越重视，走出去参加各类赛事、活动，他的技艺不断长进，眼界越来越开阔，追求也更高了，胆子也更大了。经过反复思考，吉正龙决定离开时美，下海闯荡，他想迎接更大的挑战，成就更强大的自己，奔向更辽阔的远方。他婉拒时美领导的挽留，站在了人生的又一个新起点。

吉正龙承包了位于杭州环城路上的几间闲置房，开起了美发店，取名富丽美发厅。这里地理位置优越，在望湖饭店对面，因着吉正龙的经营，生意出奇地好。可惜做了两年不到，房屋被动迁了。

经朋友介绍，吉正龙将门店搬到了保俶路街面房，这里人流量大，左边的石函路南至西湖，白堤、平湖秋月就在眼前，北山街在店的右侧近300米。他一个人带了两个徒弟，一天的营业额最高能做3万元，简直超乎想象，最少也有三五千元。节假日、周末，顾客来这里剪发做美容者众多，店里应接不暇，有时不得不提前把铁门拉下来。

后来，杭州市中心区域整片改造，规划这一片CBD进行优化整合，拆除街面房，吉正龙只好把店搬到了火车站附近的公交公司，但没过多久，政府统一规划，铁路东站面临大规模改建，他又得另选店址。

伴随着美发美容业的兴盛，吉正龙想到了将自己的美发技能传授给更多的人，帮助他们开店、就业。1999 年下半年，他办起了中青美容美发学校，和妻子开了海贝美容院，妻子管店，他管学校。为了让教学与实操更好融合，完全不被商业化概念影响，他专注美发前卫设计与创新。

吉正龙又在杭州女人街开了家正龙发艺。有一天，浙江省粮食局有关负责人找到他，用美发为职工提供福利，将他这家店定为粮食局系统的理发店，生意再度火爆。之后，吉正龙接连开了三四家分店。

2012 年，为了参加世界技能大赛，吉正龙把这四家店转包给了朋友经营。这是后话。

早在 2004 年，吉正龙就与杭州拱墅职业高级中学合作，给学生上课，重点培养学生的技能，专做他的主业——剪发。也许，这就是冥冥之中的安排，为他日后参加世界技能大赛做了战略上的准备。

# 第五章
# 踏上世赛征程

世界技能大赛（World Skills Competition）是最高层级的世界性职业技能赛事，由世界技能组织每两年举办一次，被誉为“世界技能奥林匹克”，是世界技能组织成员展示和交流职业技能的重要平台。

世界技能大赛比赛项目共分为6个大类，分别为结构与建筑技术、创意艺术和时尚、信息与通信技术、制造与工程技术、社会与个人服务、运输与物流，共计46个竞赛项目。大部分竞赛项目对参赛选手的年龄限制为22岁。

2010年10月7日，中国在牙买加金斯敦正式加入了世界技能组织，成为这个大家庭的第53个成员国。

中国正式加入世界技能组织，可以构建同业技术交流国际平台，有利于学习借鉴世界各国促进技能培训和开展技能竞赛的经验，为中国优秀技能人才走上国际舞台创造条件，对宣传中国高技能人才工作和人力资源能力建设的成果，扩大中国在职业培训领域的影响力，培养造就具有国际水平的高技能人才队伍具有重要意义。

第41届世界技能大赛将于2011年10月在英国伦敦举行。人力资源和社会保障部作为全国职业技能竞赛的综合管理部门，立即着手按照世界技能大赛规则和要求，组织筹备参加。

一开始，人社部准备向国务院报6个参赛项目：数控车、数控铣、CAD机械设计、美发、网站设计、焊接。当时，有人提出了疑问：美发也有技能含金量吗？建议将美发从项目中删除。负责此竞赛的人社部就业中心竞赛处处长，立即向部领导请示，再次提出把美发加入世赛项目，理由是我国美发业拥有亚洲前三的水准，是最有希望夺牌的。他详细地汇报了相关情况。

最终，部领导同意了。

2010年11月初，吉正龙接到人社部就业培训中心竞赛处的电话，邀请他担任美发项目专家组组长，备战第41届世界技能大赛。

在此之前，世界技能大赛已经举办了40届。中国这是首次参加，这对中国技能无疑是一次世界标准的检验，压力之大，可想而知，但吉正龙丝毫没有犹豫，义不容辞地接受了这个艰巨的任务。

人社部召集6个项目专家组长到安徽合肥开会，颁发了聘书。

为了研究赛制，伦敦世赛参赛手册刚发下来，吉正龙就请来翻译，逐字逐句翻译相关资料，一个细节都不放过。等到翻译完，吉正龙却懵了。

以往的比赛，一个选手只要做一到两个发型，头发可以先染好，长度也可以先剪好。但世界技能大赛的规则和其他赛事完全不同，一个选手要在连续4天长达22个小时的比赛时间内，完成8个发型。项目也不是一两项，而是八项各色发型，且所有工作都要求在现场完成。

这也意味着，从洗头到剪发、烫发、染发、盘发，发廊里用到的所有技能都要在一个选手身上体现出来。毛巾、剪刀、吹风机，任何工具放错位置都要扣分。比赛难度之大，规则之严苛，可谓前所未有！与之前的国内比赛完全是两个版本。

吉正龙坐在椅子上，一语不发，气氛显得有点沉重。

人社部相关领导笑了笑说："小吉，不着急，我们会请美发项目裁判长，英国人鲁伯特做个培训。"

吉正龙听后，稍微松了一口气。

从合肥返浙后，稍作休息，他们紧接着又来到上海财贸商业学校，老外给他们做了4天培训。

为了适应赛制，吉正龙召集专家组制定方案，日夜强化训练。

一个月后，国家队集结到广东培训半年。正所谓"十年练兵，一朝亮剑"。整个训练过程的艰苦常人难以想象，半年的集训时间，吉正龙都是陪选手在基地度过的，集训时经常没日没夜地训练。

按照中国代表团计划行程，吉正龙一行顺利到达英国伦敦。

比赛开始，中国美发选手祝青山出战，捷报频传，前三天比赛，所有项目都获得了最高分。世界技能大赛副主席来到现场观看，一向严格的世技赛评委都忍不住朝他比了个大拇指。CHINA 太厉害了！

法国裁判员对法新社记者说，中国人太可怕了，第一次参加比赛，出人意料，无可挑剔。

不料，到了第三天晚上，吉正龙担心的状况还是发生了！

顶着巨大的压力，连续的高强度工作，祝青山的体能撑到了极限，大脑在极度紧张下疼痛不止，尽管吉正龙让他赶紧吃药休息，但最后一天的比赛，祝青山还是因体力不支，最终没能在规定时间内完成作品，以致功亏一篑。

站在观摩席上的吉正龙神色严肃，一脸无奈。虽然心里恼火，但是干着急也没有办法，他对其他教练员说，体力下降，手势变形。

最终，总裁判宣布成绩，祝青山与奖牌无缘，只获得了最佳选手奖。

第一次参赛就能拿到第五名，取得优胜奖，无疑是件值得开心的事，甚至有外国代表团说，中国选手太可怕了，第一次参赛就取得这样好的成绩，之前这个成绩都是欧洲人的。

但吉正龙却认为这次比赛是失败的。在他看来，以祝青山的水平，完全可以拿到金牌。

不过话说回来，第 41 届世界技能大赛对中国代表团来说，意义非凡。

这届世界技能大赛上，来自 51 个代表队的 944 名青年选手经过 4 天的激烈角逐，在 46 个项目中大显身手，展示精湛技艺。首次参赛的中国代表团，参加焊接项目的选手裴先峰获得一枚银牌，其他中国选手获得了优胜奖。中国队参赛选手总平均分在 51 个代表队中名列第二，仅次于韩国。

中国代表团副团长戴晓初表示，中国是首次组团参加世界技能大赛的，共派出 6 名选手参加了数控车、数控铣、CAD 机械设计、美发、网站设计、焊接 6 个项目的比赛，除裴先峰获得 枚银牌外，其他选手都获得了优胜奖。裴先峰在接受记者采访时说，他从 16 岁开始学习焊接，现在 21 岁，没想到有一天能够在世界大赛上获奖，非常感谢国家为他这样的青年工人提供了参加世界大赛的机会。他说，能够传递给今后参赛选手的最大经验就是心态，在竞争激烈的世界大赛上，压力是免不了的，但同时放平心态非常重要，这有助于自己水平的发挥。

戴晓初激动地说，中国选手在 4 天的激烈比赛中，奋力拼搏，表现出色，取得了优异成绩，展示了中国青年技工的风采。

在世界经济严重衰退 各国制造业提振乏力、青年失业率大增的背景下，这次世界技能大赛对各国就业岗位培训、职业技能培训起到一定的打气、鼓劲作用，是培养和选拔优秀技能人才的重要手段，也是提高劳动者素质、促进就业和再就业的重要途径。

首次参赛的中国选手通过比赛，向全世界展示了中国职业教育培训的水平，也向世界各国能工巧匠，特别是奖牌大户巴西、韩国等学到了许多宝贵经验，这对促进国内职业培训和技能竞赛工作的开展，营造尊重技能人才、争当技能人才的良好氛围，扩大中国在国际职业培训领域的影响，培养有绝招绝技的人才队伍都具有重要意义。

回国后，吉正龙及他的教练团队，除了分析技能及其他因素，还充分吸取第41届世赛未能夺冠的教训。2013年备战第42届世界技能大赛时，吉正龙额外给选手增加了一个体能训练：每天早晨6点半雷打不动地带着选手跑3000米。

“跑，每天早上6点半起床，跑步，每人3000米。”他站在现场，板起面孔，不断大声喊着，督促选手跑步。

集训地重庆五一高级技工学校还驻扎着其他项目的选手。

“吉老师，他们跑得累，你叫得累，为什么呢?”

“没事做，让他们跑跑步。”吉正龙回答。

一开始，其他工种的教练不理解：“老吉在干什么?”还有人笑，又不是参加奥运会。

很快，他们都反应过来，这是吉正龙吸取上一届比赛的惨痛教训，刻意在提升选手体能。一下子，汽车、电焊、数控铣等各家选手都跟着跑了起来!

此外，吉正龙还专门带着选手到世界各地打交流赛，组织中英、中澳、中法同行交流，让选手一次又一次在不同场地、不同风格的国际友谊赛中适应并提高技能。

考虑到赛事举办地在国外，吉正龙又增加了时差适应训练，从赛前15天起，晚上7点练到第二天早上7点。

有天半夜12点，来自四川的选手胡已雪有个头型没做完，

胡已雪在比赛中

偏偏越着急手下越乱，吉正龙看到后，严厉批评了她。

“裁判只会挑你的毛病，我这一关你过不了，别想取得好成绩！”

在他的魔鬼训练下，胡已雪在比赛时发挥稳定，摘获了第42届世界技能大赛美发项目的银牌，这也是中国参赛的22个工种中唯一获得的银牌。

经过这两次参赛，吉正龙积累了许多经验。

通过对比赛模块的技术分析和论证，吉正龙不断在形状、色彩、质感、修剪整体效果等方面做出调整，并且严格要求每位选手将细节做到极致。

胡已雪获奖，对于吉正龙而言，含金量实在是太高了，这让他真正看到了美发业的希望和他自己的存在价值。

提起胡已雪获奖，吉正龙坦言：“小雪具有很强的艺术天赋，又是个百分百的实干家，最早进入十进五，但她的问题是信心不足，加上当时正在恋爱，对训练也有影响。”

有一天，吉正龙把她叫到办公室，告诉她，人生中只有一次参加如此重大比赛的机会，不去争取会后悔莫及。他直截了当地对小雪说：“这个小伙子如果真心爱你，就应该支持你打完比赛。”

吉指导的话让胡已雪夜不能寐，经过一番思想斗争后，她一门心思地扎进了训练与比赛中。

“这孩子工作认真，思维活跃，基本功扎实，富有想象力，设计的作品漂亮。”胡已雪得到了吉正龙及教练团队的一致好评。

结束了德国征战，各地的技师院校都来找胡已雪，宁波纺织学院、江苏生活高级技工学校等，纷纷向她抛来了橄榄枝。

“师傅，您看看我应该去哪所学校？”

“浙江这方面的人才至少有400个，江苏则凤毛麟角，缺乏像你这样的人才，我的意见是可以去那里发展，未来肯定会大有作为。”吉正龙给出了实在的建议。

很快，胡已雪被江苏生活高级技工学校作为高技术领军人才引进，落了户口，解决了编制，还被评为副教授。

“胡已雪的发型设计，太有想法了，太漂亮了。”学校的校长及老师、学生对胡已雪都是满口称赞。

江苏省第一届世赛选拔赛，从政府部门沟通，到赛务手册等各个环节，胡已雪独当一面，从不让领导操心，体现了很强的组织协调能力。

有段时间，外面请胡已雪讲课多了一点，教师中有不同声音，校长在教职工会上说：“胡已雪老师外面请她，证明她有水平，作为校长，也希望有人请你去上课，指导学术攻关。”

在胡已雪心中，吉正龙是总教练，也是她的师傅，更像她的慈父。吉正龙的严格管教和良苦用心，给了她父亲般的温暖。

# 第六章
# 美发师成为教授

我国自 2010 年 10 月 7 日加入世界技能组织后，从英国伦敦第 41 届世赛首次参赛实现奖牌零的突破，到俄罗斯喀山第 45 届世赛再次荣登金牌榜、奖牌榜、团体总分第一，走过了加入世界技能组织后辉煌奋进的 10 年。

聂凤，第 43 届世界技能大赛美发项目冠军，重庆五一技师学院造型师、教授，享受国务院特殊津贴专家。

她属于天选之人，而且非常勤奋、刻苦，对自己的人生有一个很好的规划。在她的成长历程中，主教练吉正龙功不可没。

“有人说，十年太长，什么都可能会变。一辈子却太短，一件事也有可能做不完。”从首次接触世界技能大赛至今，聂凤走过了与世赛的第一个十年。是世界技能大赛、是技能，改变了聂凤的人生。

聂凤出生在重庆市一个普通家庭，是个典型的川妹子，性格火辣辣的。

像大多数家庭一样，聂凤父母希望她顺利读书升学，从没想过让女儿走上美发之路。

2007年春天，杀马特发型风靡，随处可见锡纸烫、玉米须、爆炸式发型，年少的聂凤紧跟潮流，走进街边小店，花了半个月的零花钱，做了人生第一次离子烫。

现在看来，这样的行为虽显幼稚，但是她对美发的兴趣却因此悄然萌芽。

据聂凤初中时的玩伴说，聂凤对美发的真正兴趣源于初中时在同学家看电视，当时，重庆台播了一档生活类节目，第一次看到美发节目，聂凤颇感新奇，她觉得，能把头发做得那么好看，是一件很神奇、很有意思的事。初中毕业时，她毅然放弃了高中，选择就读技校。聂凤的这个决定，对于父母而言，无疑是个挑战，他们一时间无法接受。作为家里的独生女，聂凤的身上承载着父母的厚望。对于她不上高中而去学技能的想法，父母不支持、不理解，他们对美发行当极其反感，认为低人一等，社会认同度差，一些理发店还被称作发廊，所从事的也不是正经理发的行当，在人们的眼中，这些发廊俨然成了"红灯区"的代名词。聂凤与父母据理力争，那发廊不是此发廊，她想学的是真正的美发技能，是能创造美、能贡献社会的技能，她要从事的是能得到他人认可和尊重的一个职业。经过一番拉锯战，开明的父母终于松了口，但只是同意让聂凤去美发店体验一下。

在父母的帮助下，她进入一家国企转制的美发店，开启了为期一个月的试学体验。为了证明自己的决心，聂凤顶着炎炎烈日，在店门外迎接顾客，在店内扫地、拖地、洗毛巾，脚底磨起了泡也没放弃。父母看在眼里，疼在心里，逐渐转变态度，抱着试一试的心态，让她选择了重庆五一高级技工学校，就读美发专业。

眼下文凭风盛行，对于聂凤读技工学校，街坊邻居基本都不看好，大专毕业生今后都不好找工作，技校生不是难上加难？事实确实如此。

但聂凤不为所动，她顶着压力踏入了技校校园，觉得自己向理想迈进了一大步。

正式学习美发专业后，聂凤了解到美发不只是洗剪吹，也知道了洗发讲手法，剪发讲角度，吹风讲温度。

兴趣是最好的老师，当一扇全新的职业技能大门向聂凤敞开，她如饥似渴地钻了进去。在学校里，聂凤好学上进，非常勤奋，给老师留下了深刻的印象。渐渐地，聂凤成了重点培养对象，开始出现在校内、市内的美发赛场上。

2011 年，中国第一次组团参加第 41 届世界技能大赛，美发是我国首次参赛的 6 个项目之一。平时的刻苦练习和认真态度，让聂凤获得了崭露头角的机会。学校得知有此次竞赛，便推荐聂凤代表重庆五一高级技工学校（今重庆五一职业技术学院），代表重庆，去参加全国选拔赛。

集训和选拔的地点是广州标榜学院，时间是春节后，正好赶上春运高峰。怀着无比激动的心情，聂凤和另一名同学踏上了南下的列车。由于没有买到座位票，她们两人带着 3 个行李箱，在车上站了一天一夜。到达广州后，马不停蹄备战，参加了第 41 届世赛美发项目国家队选拔赛，聂凤顺利进入了十强。

“之后，我第一次有机会见到了世界顶尖的发型作品以及能把头发做成艺术品的大师，看着他们的国际范、艺术范、时尚范，无比羡慕，原来，美发居然可以这么艺术，为此，我暗下决心，一定要参加世界技能大赛，学习更多的美发技能。”聂凤感慨道。

训练时，以总教头吉正龙老师为首的国家队美发专家教练团队精益求精的工匠精神和永不言弃的奋斗精神，让聂凤心生敬佩。

在国家队，聂凤开启了疯狂自虐式的训练，她第一次感到时间不够用。

为期一个月的训练，聂凤深刻认识到了自己技能的不足，与沿海发达城市的选手相比，技巧明显粗糙一些。

但是聂凤相信勤能补拙，她拿出家乡山城人民爬坡上坎的劲头，老师教 1 小时，她练 10 小时；队友练 10 小时，她练 12 小时。

尽管聂凤训练得非常刻苦，但是在所有选手中她最年轻，总的训练时间最短，最后还是名落孙山了。带着老师的鼓励，背着 5 个练习头模，聂凤踏上了返乡的列车，她默默下定决心：下届世赛，我会再来。

2013 年，我国组团参加第 42 届世界技能大赛。在领导的亲切关怀下，世赛美发项目中国集训基地落户重庆，就在聂凤就读的学校。在老师的精心指导下，聂凤充满干劲，自信心十足。

全国选拔赛，她终于拔得头筹。然而在最后阶段的一轮轮晋级赛中，由于心理素质和技术瓶颈，最终只获得第三名。

从最具优势、备受瞩目到止步世赛，聂凤的心理落差极大，一度怀疑自己是否真的适合从事美发行业。但随着时间的推移，加上老师、家人的开导和队友的鼓励，聂凤慢慢重新认识了自己，找回了自信。她开始认真总结经验教训，调整心态，一点点纠正技术上的问题，每一天都力求有进步。带着证明自己的决心，聂凤走上了美发项目亚洲联赛的舞台，并斩获冠军，也找回了自信。

“我可以输，但我决不放弃！”聂凤又开始为冲击第43届世赛做准备了！

2014年，她开启了最后一次备战世赛的旅程。

凭借4年的备赛经验和加倍努力，聂凤的心理与技术都有了质的飞跃，最终成为代表中国征战世赛的选手。这就意味着要进行更高强度的训练，要拿出更好的状态，才能无愧于祖国的嘱托。为了国家荣誉，在2米乘3米的工位里，总教练吉正龙经常在她旁边，观察、指导，给她开小灶。

聂凤每天至少站着操作12个小时，回到宿舍，她还会给自己多加一个训练模块，直至凌晨一两点才睡觉。为了达到理想效果，一个发型常常练习几百遍，经常练得手腕酸疼，甚至红肿。魔鬼式训练持续了近两年，没有寒暑假，没有休息日，甚至春节都在集训基地度过，教练陪着他们一起训练。

世赛考验的不仅仅是选手的技术水平，还有心理和体能。

“伴随技能进步的还有个人心智的成熟和对职业的重新认识。”聂风深有感触地说。

2015 年 8 月 15 日，聂风随中国代表团飞越大半个地球，远赴巴西圣保罗参加第 43 届世界技能大赛，她不负众望，一举夺得美发项目冠军。

这也是中国参与世赛全部项目上的金牌零的突破，也是亚洲国家 65 年参与世赛以来的首位美发项目金牌获得者。

载誉归来，党和国家领导人亲切接见了获奖选手及教练员。

聂风接触大赛近六年，参与过 20 多次美发比赛，磨损了 100 多把梳子，剪了成千上万个头模，剪掉的头发长度可以从重庆铺到北京，聂风也从一个稚嫩的技校学生成长为一个世界冠军，她以无与伦比的智慧和高超的技能征服了世界。

载誉归来，聂风登上了神圣讲台，成为一名光荣的人民教师，肩负起教书育人的伟大使命。

2017 年，聂风远赴澳大利亚，跟随世赛首席专家多娜女士学习国际美发理论和技能，她认识到在拥有过硬技术的基础上，更要具有良好的职业操守和综合素质，要影响更多的人。带着这样的理念，她从教师转变为教练。

2019 年，聂风通过技能人才专项通道，获评教授职称。

爸爸妈妈做梦也没有想到，女儿如此争气，曾经被他们瞧不上眼的美发让他们的女儿获得了如此成功的人生。

聂风庆幸自己赶上了好时候。随着国家经济建设的发展，人们对美的追求越来越高。而乘着国家重视技能人才的东风，

中国美发项目首次获得世界技能大赛冠军

重庆五一职业技术学院教授聂风为学生上课

吉正龙老师参加美业企业工匠颁奖典礼

美发业也受到了越来越多的关注，曾几何时的剃头匠，升级成了美发师、发型师，再到如今的发型设计师乃至发型艺术家，美发行业历史性的转变，揭示出中国加快走向世界时尚最前沿的进程。

聂凤动情地说：“在我的成长历程中，师傅们是对我从业影响最为深远的人。我的师傅们告诉我要一辈子做一件事，做好一件事。何先泽老师最早是乡村理发师，凌晨5点大缸烧水，提着铁桶给顾客洗头，而现在成为国家级技能大师，教我们‘从小事做起’。吉正龙老师从中国第一个拿到亚洲冠军的美发师到培养出世赛美发冠军，教会我‘台上目中无人，台下谦虚谨慎’，与他在集训队1000多个艰苦备战的日日夜夜，感受到的是恩师身上的人格魅力，他独特的教练方法，细致入微的关心，他的一言一行都带给我巨大的影响。我的洋师父多娜告诉我，不仅要做中国的发型师，还要做世界的发型师。感谢恩师们！”

世赛十余年，以吉正龙为代表的中国代表团美发项目教练团队，始终将党和国家事业的荣誉放在首位，他们潜心钻研，传承匠心，传授技艺，带领年轻美发师们走向世界。6届世赛，中国在美发项目上共获得2金、2银、2优胜的好成绩。许多人的命运也因此而改变，就如聂凤，从技校生到教师、教授，她如今扎根于职业教育第一线，矢志不渝，忠诚履行光荣人民教师的神圣职责。

学院给聂凤课程排得很满，她教授的课程有：美发师职业道德与健康安全、商业发式的编盘造型、商业发型的修剪造型、生活发型的染色造型、生活发型的烫发造型、整体形象设计……

“我来自山城普通人家，家境一般，没有任何可依靠的背景，记得宋代林景熙有过一句诗：孤栖非绝物，多难亦成才。我凭借着勤奋、运气以及像吉老师这样优秀教练的辅助，成了一个发型师，一名职业技术学院的教授。我的成长之路在许多人看来无法想象，难以复制，但我知道，几百万职业院校的学弟学妹们赶上了一个更好的时候，只要潜心学习，掌握技能，职业学校的学生大有发展前景，未来可期。”聂风如是说。

# 第七章
# 职业教育方兴未艾

吉正龙历尽艰难跋涉，技术上达到了炉火纯青的地步，在业界有着超高人气，这些都与他的理发世家不无关系。叔叔很早走出扬州，到香港谋生，与理发大师蔡万江在香港同一家店内做理发师，后来辗转到新疆开理发店，成为当地大名鼎鼎的美发大师，带出了上万名维吾尔族徒弟；姑父两兄弟在天津做美发，业界称为天津二李——李健、李德云。

十几年的理发店打磨，吉正龙已经对理发这门手艺驾轻就熟。慢慢地，谋生手段变成了兴趣，他自己开店，店内生意火爆，排队等他剪发的，常常排起了长龙。这时的吉正龙，已经不满足于小打小闹。

他认为，学徒工跟师傅学手艺，学到了一定的程度，自己当了师傅，评上特级技师，再往上走，就是天花板了，迫切需要足够的理论知识支撑。他清楚地意识到，理发业跟上时代发展的快节奏是必然趋势，否则停滞不前，用不了多久，就会失去其存在价值。

创业的成功，助推吉正龙迈出了一大步，他担任浙江省青联委员，社会接触面更广。有一次，市里某领导和他聊到职业教育的现状：城市乡村的孩子们都在千军万马挤高考的独木桥，职业教育无人问津，不少聪明好学的孩子，高考失利，在家待业，不仅给社会增加负担，而且荒废这些孩子宝贵的青春时光。

晚上回到家，吉正龙彻夜难眠，翻来覆去，琢磨着办一个美发美容学校。这样既可以为美发专业培养更多的人才，又能真正实现职业教育均衡化，提升美业人的社会地位，促进就业的发展。

他的想法，很快得到了省团委领导的支持。职校的筹备、建校的事情千头万绪，他像上了发条，不停运转。

两个月后，浙江中青美发美容学校落成。创办 6 年后的 2004 年，吉正龙又与杭州市拱墅职高合作，一直办学到现在，在校学生两千余人。吉正龙自己当起教员，在校内创建吉正龙大师工作室，扎扎实实地办出了教育特色。毕业的学生很快找到了工作，生源得到了充分保证，这让吉正龙喜出望外，引以为豪。

接下来，吉正龙又先后创办了拱墅区英美职业培训学校、吉正龙发型设计形象学校。办学过程中，付出的精力和心血可想而知，他带领学生完成了 6 项美发攻关项目，8 项作品获得省级以上的奖项。职业学校的教学与实践，为吉正龙后来跨越式的个人发展打下了坚实的基础。

岁月沉淀，吉正龙的理论视野更加活跃，洞察事物的能力

吉正龙创办英美职业培训学校

更加敏锐。

随着中国加入世界技能大赛组织，吉正龙最先着手推进国家标准与世界标准接轨，第一步就是规范专业术语，之前国内称固体性层次、穿插性层次，而国际上的叫法是渐增性层次、密度性层次……他把这些叫法归并在一个体系，为国内美发走向国际化做了铺垫。

于是，就有了第二步、第三步……

曾几何时，社会上比较重视基础教育，职业技工学校被忽视，有关部门一度欲在国家职业资格目录范围取消美发，甚至言之凿凿：美发等四个项目均在第一批被取消之列，已经上报人社部。

吉正龙得知后心急如焚，马不停蹄地通过各种场合，呼吁重视美发职业资格等级，继续收录其于国家职业资格目录。如果美发不列入职业资格目录，这意味着什么？多少学校将面临倒闭？几十万家美业公司招工都将存在问题，学生、学生家长都将看不到希望，美业社会地位没有了，青年人未来没有了，社会主义制度优势将如何体现？新一代产业工人将出现青黄不接的现状，社会人员就业机会将变得更少。

凡此种种，从根本上断了数以万计职校学生后路，给原本每况愈下的美业雪上加霜。

吉正龙无法视而不见，他不懈努力，先后动员了市、省人大代表议案建议、政协委员积极提案……最终，美发等项目得以保留下来，业内人士欢欣鼓舞。

从此，政府对美发等生活服务类职业真正重视起来，人社部、教育部纷纷下沉基层调研，着手深化改革，出台相关政策。

2019年，浙江在这方面首开先河，做出了一系列探索性的创新，省人社厅给教练员、运动员发了5本特级技师证书。

2022年，国家实行的八级证书制，也是受到了浙江“试验田”的影响与启发，相关规范沿用至今。

每每回看这段历史，美业界同行感慨地说：“老吉，你当初办了件大事，美发保留职业资格目录，美业人吃了颗定心丸，为后来职业教育可持续性发展赢得了机遇，至少没有断档。”听到此话，吉正龙感到无比欣慰。

随着“十四五”战略规划的实施，客观上需要高素质的技术职工队伍来与综合国家核心竞争力相匹配。为加快产业工人队伍技能水平实现质的提升与跨越，各地人社部门出台一系列扶持各行各业技能鉴定等级考核的政策，将考核权限逐渐下放基层，主管人社部门由主考职能转变为监管、督导职能，极大地释放了职工自主学习技能的能量，鼓励了青年职工学技能的热情。之前，具备资质的机构每年只组织一次等级考试，而现在，企业只要符合条件，经主管部门严格资质认定后，不受时间限制均可组织考试。具备技术能力的职工，可以参加企业自主考核，考试的灵活性、实效性为企业职工持证上岗提供快速通道，加快技术工人成才步伐。

曾任第44届、第45届世界技能大赛中国代表团团长的人力资源和社会保障部职业能力建设司张立新司长与吉正龙结下了深厚情谊。他对吉正龙说："吉老师，你可以的，可以重拾金牌。"同时说道，美发项目在中国走向世界最高技能领域做了先锋，开了好头，参与世界技能大赛也要学习借鉴其他国家经验，把世赛的标准转化为教育培训的成果，更好地培养技能人才，与企业生产实现"零距离"对接，指导教学与生产。

历经岁月的洗礼，吉正龙作为美发专家，他的职业教育理论水平、认知能力达到了前所未有的高度，积累了丰富的知识与实操经验，其成果也在不断产出：结合世界技能大赛，对照世界技能大赛一系列技术文件，撰写30多万字理论学术文章，在相关领域杂志发表20余篇论文，主编了对接世界技能大赛技术标准创新系列教材，国家级职业教育规划教材，全国中等职业学校美发专业教材，技术指导、生活与时尚、发型染色艺术教材统编，参与人力资源社会保障部教材办公室组织编写《美发师职业素养及健康安全规范》……

这一系列职业教育系统性教材编写与出色的实践成果，奠定了吉正龙在国内美发界的权威地位。

职业教育与集训基地的无缝融合，提升了产学研协同发展，是形成"技能链"的重要一环，吉正龙专注于基础性研究与创新，在国家、省市人社部门重视下，他不知疲倦积极协调，先后在北京、乌鲁木齐、重庆、杭州、上海等六个城市建立了培训基地，用于孵化应用型高技能人才。平时，吉正龙抽出五分之一的时间到各地技术院校、各基地进行专业培训授课，以国际化视野激发师生超前的思维训练，帮助他们更快掌握国际美发高端时尚趋势，提升中国特色高质量现代美学。不仅如此，他还结合数字化、区块链、互联网高端技术，自己编写剧本，委托专业地方电视台，精心制作了职业教育视频教材，专供全国职业院校、基地系统性学习。

对此，教育部、人社部等相关部门给予了高度的重视。

职业教育法如何贯彻、如何发展？吉正龙时常在思考，借着世赛的机会，他和国内职业院校的老师频繁交流，慢慢归纳总结出职业教育改革的几点建设性建议。

目前，中国已成立了4家世赛研究机构，世界技能大赛起源于二战结束后技术工人短缺的欧洲，本意是缓解技术工人短缺，创造社会财富，扩大就业面。70多年来，世赛初心不变，其自身的机制，确保竞赛项目的设置能够契合不同时期现代制造业的发展要求。诚然，随着科技的发展，特别是新兴产业的迅速崛起，职业生命周期缩短，两年一届的世赛也面临新挑战。“需要应对新职业、新技术、新人群的变化，动手技能和设备技术之间的边界开始模糊，这都需要我们加以研究。”吉正龙如是说。

吉正龙认为，作为世界最高水平的技能大赛，世赛对中国职业教育的作用显而易见，世赛提供了参照系，让中国的职业教育水平有了坐标，也为选手从技能学习者转型为专业从业者提供了机会——在就业方面，很多选手早早被企业锁定。

教练员不仅要把技术、技能传授给选手，还要关注选手的生活和心理，从心理学、健康学、运动学、情感等方方面面积累经验，学会引导学生更好地学习。

吉正龙是人社部聘请的世赛中国代表团美发项目总教练，但他更注重另一个身份——职业高中教师。作为教授级高级工程师，他经常给各大职业技师学院的学生们上课，通过这个身份，他传授最新美发资讯，提升学生解决问题的能力。除了业务交流外，他对职业教育的发展与现状，有着自己的独特见解。

职业教育到底有没有出路？这是学生和家长最关心的问题。2023 年全国两会召开前夕，我与吉正龙进行了讨论。

“中国式现代化建设离不开高素质、高技能的产业工人队伍，无论数字经济、工业经济还是生活服务类，都需要传承工匠精神，让工人由工转为匠，需要经过校企融合、师带徒的过程，既不能慢慢来，又不能等不及。国家相关部门应在创新职业高中、技工学校教育改革等方面进行顶层设计。首先，要营造社会尊重职高学生的社会地位的氛围。在机制上，培养技术工人成长，塑造新动能、新优势，修炼内功。其次，职校生技术面广、技不精，如果只是泛泛学习，竞争优势就没有了，技能人才要精而专，往一个领域深耕，如美发，做到极致，敢于挑战领域前沿，做一辈子，别人超越不过，成为行业专家，对培养高技能人才，提高就业率，才算有帮助。在创新人才高地，实现人才强国战略，迈入中国式现代化征程中，职业院校学生素养培育和创新潜能早期挖掘尤其重要。

“职业教育方兴未艾，这几年政府部门越来越重视，有人大代表提出将部分高中直接改造成职业高中，促进目前职业高中师资力量，改变办学风气，探索高层次职业教育，打造职业教育的‘浙大、交大’。可以看到，目前高端职业教育学院与当下实际需求不成比例，我个人认为，教育部、人社部要重视，将普教与职教优势叠加，让技能大师当导师，让产业标准进课堂，如此一来，必将推动我们国家技能型人才跨跃式发展，真正培养一大批卓越职业教育现场工程师、工人院士。”吉正龙强调说。

吉正龙告诉我，前些日子，他的同行，杭州技师学院杨金龙老师来到他的大师工作室，与他就职业教育改革方式进行了交流。杨金龙作为第十三届、第十四届全国人大代表，2023 年 3 月初进京参加两会，他希望把职业教育情况递交两会，向政府提出议案。

杨金龙认为，切实制定高级工、技师层次毕业生在企业招聘中与本科生享有同等待遇制度，吸引学生及学生家长选择技工教育，走技能成长之路、技能报国之路。同时鼓励整合资源，开展市场化、集团化、专业化办学方向。

2023 年全国两会期间，杨金龙代表的发言为新闻媒体所关注。

# 第八章
# 师傅，师父

2023 年农历新年过后的第一个星期天。

杭州萧山宾馆。

一间朴素典雅的会议室，布置得很简单，屏幕上打着“吉正龙大师收徒仪式”一行大字。

全国技术能手、上海市五一劳动奖章获得者胡鲁飞等 4 位年轻美发师、发型设计师，郑重地从师傅吉正龙手中接过证书——吉正龙正式收他们为徒弟。

胡鲁飞激动地说：“我感到骄傲，作为年轻一代美发师，我要以师傅为楷模，在专精特新上下真功夫，不辜负青春，不负韶华，把自己的一生献给壮丽的美发事业。”

这位来自江苏徐州的小伙子，言语间，坚定又富有朝气。

回到座位上，我轻声说：“你讲得太好了，这些话，我印象中，一般做美发的小帅哥，讲不了如此精炼，青春飞扬。”

他谦虚地说：“没有没有，平时师傅教得好。”

第二天上午，吉老师与我在酒店进行了交流。

“吉老师，您收徒弟，为了什么？”

“我收徒弟，不要一分钱，拜师仪式所需要的场地费、晚饭餐费、他们来回的路费、酒店住宿费，都是我个人掏腰包。”

“这又是为了什么？”

“这件事，告诉他们，做人不要把钱看得太重，要有志向，热爱美发行业。”

“您收徒学技能的标准是什么？”

“标准有两条，第一，缘分；第二，人品要好，善良，干净，有情怀。缘分这个词，现在使用频率很高，茫茫人海，滚滚红尘，许多事只能用缘分来解释，这些年最大的缘分，就集中体现在徒弟们身上。

“做美发这个行当，人品是首要的，其次是技术。”吉正龙快人快语，尽显他直率、奔放的性格。

大鹏之动，非一羽之轻也；骐骥之速，非一足之力也。日常生活与工作中，吉正龙一言一行，徒弟们都看在眼里，记在心里。

吉正龙坦言道：“朱老师，我收徒弟不是什么人都收，除了上面讲到的两条，还要教育他们专注美发，学技能，有一种爱民情怀。我们国家太需要专业技术人才，传承工匠精神。

“美发其实就是一个手艺活，属于艺术范畴，既充满人间烟火气，又博大精深。我是从扬州到杭州当学徒工的，自古以来，扬州就是美发的发源地，乾隆皇帝六次下江南，五次是在扬州理的发。几千年历史，不断传承光大，理发是小众行业，说大不大，讲小不小，老百姓离不开它，从出生到死亡，尤其是婴

吉正龙与部分世界技能大赛获奖徒弟

勇立潮头，吉正龙与获得2021年全国职工技能大赛
美发（全能）冠亚季军的徒弟

儿剪发，从娘肚子里生出来不多天，就请剃头匠上门剃胎毛，这么小的婴儿，头皮嫩嫩的，一不小心刮破了头皮，性命交关，没有十年八年的手上功夫，这种活干不了。相比之下，美容、美甲不是刚需，那是锦上添花，美发与群众生活、工作息息相关。

“之前，这个行业不被重视，2015年聂凤在巴西圣保罗为中国拿了第一块金牌，也是当时中国代表团出征世界技能大赛的唯一金牌，实现了亚洲国家65年来金牌零的突破，世界技能大赛从1956年开始，我国2010年10月加入世赛组织，之后才组织派代表团参加，起步很晚，后来在不断追赶。

“拿了金牌后，国家开始关心美发的技能发展，有关部门也非常重视。国务院领导同志接见我们，并合影留念。

“国家领导人非常重视技能项目的系统性建设，强调选手的培养、管理与鼓励，主动关心选手的奖金问题，与财政部协商，给予解决。

“技能大赛奖牌选手的奖金与奥运会奖励一样。作为美发项目的总教练，感受着党和政府对培养新一代技能人才的高度重视和殷殷期盼，我内心很激动。

“记得有位领导说过，奥运会是吃青春饭，技能拿奖牌是越老越吃香。

“过去若干年，理发师年龄偏大，走进理发店，很少看见小青年做理发，因为从事这个工种实在太辛苦，一天从早到晚站着为顾客理发、刮胡子、敲背，社会地位不高，年轻人不愿干。

工具也都太陈旧，老到掉牙，最早使用的电吹风，使用时会出现火苗，现在看来像‘出土文物’。无法想象过去理发店的艰苦程度。

“改革开放40多年，我们国家美发业发生了天翻地覆的变化，长头发不用烫，用发热板一拉，什么氧离子、红外线等新式武器纷至沓来。从行业属性看，美发就是纯手艺，老师傅的手势、技法、灵感等，年轻人要学习掌握。面对压力与挑战，商业服务人员技术要过硬，服务态度要好，内心要平稳，这些都要跟师傅认真踏实地学习，吸收他们的成功经验。就如服务态度，顾客到店堂间，要千方百计做到让他们高兴而来，满意离开。顾客原本带着好心情而来，请你理发，倘若态度成了问题，技艺再好，名气再大，顾客还是会不满意，会另选他人。当时我在时美当副总，一楼男子部，二楼女子部，公司有位技术很好的师傅，就是臭脾气，惹恼了不少人。有一天，一位来自上虞的顾客，冲着时美特级美发厅金字招牌而来，进店后，这位师傅毫无表情地手一招，顾客坐在他的理发椅上，笑着说：‘师傅，刘海留长一点，后面少许剪一点。’话音未落，理发师傅瞬间脸色铁青，板起脸，把原先系在顾客脖子上的布拿下来，说：‘你另请高明吧。’弄得远道而来的顾客气冲冲走了。

“尽管这位师傅手艺不错，但顾客几乎不找他剪头发。然而店里另一位师傅，技术一般般，但态度热情周到，笑脸相迎，理发完毕，都会笑着问顾客是否满意，需要如何修改，直到顾客满意为止。顾客离开，他总是热情相送：‘您慢走。’

"自然，找他理发的顾客络绎不绝，到了周末，还会排起长队。"

吉正龙边说边喝茶，这时，上海徒弟陈平端起热水壶，给师傅续水。

"谢谢！"吉正龙礼貌地对徒弟说。

"近些年，美发行业的从业者大多是年轻人，装备也更为高级，毕竟时代不同了，很多东西都鸟枪换炮了。比如吹风机，就有各种功能的，扩散型风嘴的吹风机风嘴是向外扩张的形状，适合刚做了造型后的卷发，让它能够更长时间地保持丰盈、弹性饱满的质感。还有负离子型吹风机，工作时产生带负电的离子微粒，中和头发中常有的正电荷，从而平伏乱发，使其贴服顺滑，还可以消除静电。纳米离子型吹风机能将空气中的水分子进行超微粒子化处理，将水分量提高了约1000倍，深处滋润头发，收紧毛鳞片，从而减少水分和营养的流失，有很好的保养功能，适合非常干枯的发质。还有陶瓷红外线型吹风机，特点就是比一般的吹风机低辐射，适合孕妇和小孩子使用……"

吉正龙如数家珍，他对理发行业的各种"新式装备"，熟悉得不得了。

陈平补充道："我们下面不少店，都用上超静音型：这种吹风机通常较轻，但是风力并不小，适合受不了吹风噪声的客人使用。"

回归正题。

"做好自己，利益他人。"这是吉正龙对徒弟们常说的肺腑之言。

举办收徒拜师仪式，不仅仅是要个仪式感，也是要对徒弟们提出更高的要求。

师傅在他们眼里，就应该是优良品格、精湛技艺、匠人匠心的代表。

我不禁问道：“他们拜您为师，是否里面含有某种含义？比如，因为您是美发项目专家组组长、总教练，长期担任国内比赛总裁判长，他们想要利用您目前这个权力，更快参加国内一些比赛，包括世赛，拿到想要的名次，或者是打着您的牌子，招来更多顾客？”

吉正龙沉思片刻，认真地说：“这个因素，占的比重很小。现在美发选手参加国家级乃至世界级比赛，个人技术要过硬，要有独到之处。就拿 2023 年 9 月在天津举办的第 47 届世界技能大赛选拔赛来说，人社部出台了一系列制度、规则程序，每一位选手从地方队到国家队，从集训到决赛，层层选拔，优中选优，20 进 10，10 进 5，5 进 2，裁判不是一个人，而是有两个以上专业裁判打分，评分细则公开透明，与足球比赛一样，有主裁、边裁，都是现场实操，做不了手脚，全凭真本事。要在美业界出成绩，竞争激烈，我带的不少人，都是十年磨一剑。”

吉正龙谈兴正浓，喝了口水，继续说道：“学美发，正如领导所说，不是青春饭，技术磨炼要日积月累，精益求精。如果好高骛远，要不了多久就废了，还是改行做其他事情吧。至于我这个牌子，放在店堂间，意义不大。顾客群年轻人占多，他们注重发型新潮。对于美发师，他们认为适合的就OK，从来不去关注某某大师授牌，只看结果。”

“是的，眼下90后、00后，审美、消费理念完全不同，注重明星发型，模仿逼真就行，不在乎美发师获奖与否，关键是看他的技术水平。我有个忘年交，中国名中医、国医大师蔡淦，胃病专家，擅长慢性肾炎、胃窦炎及胃癌早期诊断，医技高超，1996年还获得了科技进步奖，受到党和国家领导人的接见。有一天，他叫我帮忙，做一个镜框，把领导接见照片装框。不久，把木框做好，照片也装上，挺大气。出人意料的是，他没有将照片挂在医院名老中医工作室。如此境界，确实难能可贵。他跟我说，病人找名医生看病，主要看医生水平，医者仁心。蔡淦医生是中医界泰斗，84岁高龄还坚持工作，为武汉火神山新冠方舱医院研发药汤，功劳极大，但他谦虚得很。‘我就是一名医生，读书、教书、带博士生、查病房。’这位功德无量的前辈这样总结自己的人生。”

吉正龙听了我的介绍，大为赞赏：“名中医功德无量啊。”他笑了起来。

徒弟陈平说：“师傅您对美发技艺的追求如痴如醉，执着一生，一年365天，几乎全用在工作上，师傅对美发技术的热爱，我无法用言语形容。”

吉正龙谦虚道：“过奖！过奖！”

“我们要学师傅内外兼修的理论素养，高超卓越的实操技能，谦虚宽厚的做人品行，您对每个徒弟的个性、特点拿捏得准准的，实在令我们佩服。”徒弟陈平说。

吉正龙非常善于发现每个徒弟的长处和他们身上的闪光点，以及他们各自鲜活的个性特征，然后有针对性地制定教学方案，手把手教他们如何把技术做细致，做精到，不放过徒弟技能操作上任何“芝麻绿豆”的问题，帮助他们把手艺活做到精美绝伦。

吉正龙说，带徒弟确确实实很辛苦，全年无休。他自己推崇完美，勤奋努力，同时也要求徒弟们要具备爬坡过坎的奋斗精神和实干精神，要求有顽强的意志，基础要打扎实。眼下的新生代，平时任性惯了，心理抗压能力差，一方面要提升他们的文化自信、职业素养，另一方面，更要严格管理、科学指导。

江西姑娘石丹是吉正龙带过的学生，也是第45届世界技能大赛美发项目冠军，回到北京后，还受到国务院副总理等领导的接见。吉正龙说，鲜花掌声背后，石丹走过的是一条极不平坦的路，犹如“过雪山草地”。

吉正龙教练2014年初春开始带教石丹，从校集训队到浙江省队，石丹都是重点培养对象。她天资聪颖，接受能力强，在吉正龙的调教下，技能提升得很快。但进国家集训队，代表国家征战世赛去夺冠，实在不是一件容易的事。教练团队对石丹格外关注，吉正龙更是重点带教，把她每天的训练计划排得满满当当。

6:00 起床

6:30—7:00 体能训练（晨跑 + 体操）

7:00—7:30 早餐

8:00—11:30 上午模块训练

11:30—12:45 午餐 + 休息

12:45—17:30 下午模块训练

17:30—18:30 晚餐 + 休息

18:30—21:30 晚上模块训练

21:30—22:00 一天训练总结

石丹平时还要补习两个小时英语，尽管有技能翻译，但参赛选手必须掌握基本的交流语言，能听懂重点要求、常用单词、现场试题等，同时，还要了解国外前沿发型动态……

石丹，从浙江省赛第一、全国赛第一,一路拼杀到国家队第一，接着冲出国门，拿下大洋洲挑战赛第一，俄罗斯国际邀请赛第一。

而往往，实力越强，压力就越大。

备战期间，吉正龙一直很担心石丹的心理状态，找她谈话不下 50 次。

为了确保万无一失，他还特地邀请了心理学导师同行助阵。

国家队集训期间，整个训练处于魔鬼式状态，吉正龙丝毫没有放松对石丹的训练节奏，石丹被吉老师骂了不少回，她憋着一股劲儿顽强坚持，技术进步明显。

随着世界技能大赛临近，训练强度不但没有减少，反而持续提升，石丹有时也会吃不消。但吉正龙依旧对她非常严格，甚至是严厉，他知道，一个小小的细节就有可能让他们功亏一篑。

有时候，石丹一个模块做得不合教练意，吉正龙立马就会吼叫，石丹有时也会有怨气，默不作声，这时吉正龙也会意识到石丹临近大赛的心理压力。他知道，石丹苦练十个春夏秋冬，为的就是能为国家、为自己拿一块奖牌，毕竟她已经 22 岁，这届世赛是她的末班车，如果失败，她会遗憾一辈子。

杭州的九月，气候宜人，绿树成荫，阳光特别好，轻风柔和，不知不觉秋季悄然而至。

集训基地实操室，各式模头整齐排成一片，石丹、聂凤、胡已雪早早到了这里，开始新一天训练。吉指导兴高采烈走了进来，聂凤、胡已雪礼貌地跟老师打招呼，而石丹头也不抬，闷声做她自己的事，面孔板得紧紧的。一连几天，石丹一直都是这副表情。

吉正龙非常生气，严厉道："这样子，你就给我滚蛋！"

过了五秒钟，又重复了一遍，语气加重。

实操室顿时空气凝固到了冰点，谁也不吱声。

石丹半晌不语。

几个月前，石丹参加浙江省内非常重要的比赛，第二天，她爷爷去世，吉正龙考虑到告诉她，势必会影响她的情绪，所以等到连续四天比赛结束后才跟她说了。石丹哭得撕心裂肺，她从小与爷爷感情很好。看着她悲痛欲绝的模样，吉正龙心里也非常难受。

……

第45届世界技能大赛2020年8月在俄罗斯喀山举办，组委会下发文件如期进行。

5月初，吉正龙带他们去了香港，开展拉练式赛前训练。完成了香港预定训练计划后，又马不停蹄赶赴新疆，进行适应性训练。

为什么要去新疆？因为新疆与喀山处于同纬度。技能大赛与体育比赛一样，综合考虑当地气候因素，有利于参赛选手正常发挥。

另外还有一个因素：在新疆集训，可以找到大胡子模特。在杭州这些长江中下游平原地区，留有大胡子的模特很难找到。

连续多日紧张的训练，大家都疲惫不堪。

这时，吉正龙第六感觉得石丹状态不好，他让分管教练胡已雪抽空找石丹聊一下。

很快，胡已雪反馈信息："师傅，石丹好像没有触动，听不大进去……"

吉正龙气恼地摇头，叹了口气。

那天，集训队一起外出吃饭。新疆徒弟胡天海先去点菜，胡已雪与石丹等人一同去饭店。在乌鲁木齐的大街上，胡已雪继续之前的话题，石丹顿时极不耐烦，声嘶力竭地喊道："我什么都不想听，现在只想死。"听得此话，胡已雪也懵了，几个人闷声朝饭店走去。

吉正龙来到饭店，一眼看到石丹脸色不好，胡已雪跟着进来，朝师傅使了个无奈的眼色。

吉正龙大概明白了胡已雪要表达的意思。

吉正龙走出包房，胡已雪跟出来，一五一十把刚才来的路上石丹的情绪简述一番。

两人返回包房，胡天海在为大家倒可乐。

吉正龙坐下后说："下午不训练了！"

随后又故作镇定："吃菜，吃菜！"

趁着吃饭的间隙，吉正龙给心理专家邬迪剑打了个电话，简单讲了一下石丹目前的状态。

"老吉，放心，石丹原话这样讲，绝对不会死。你下午好好找她聊聊，推心置腹，注意语气。女孩子，大赛当前，心理压力大，也正常。"

"哦，哦。"

吃完饭，回到酒店，吉正龙叫来石丹，给她倒了一杯茶，和颜悦色地问她有什么心事，师傅哪些方面做得有欠缺，基地饮食是否习惯……石丹始终低着头，不吭声。

吉正龙猛抽着烟，连抽了两根。

沉默了20多分钟，石丹哭了。

"师傅，我也长这么大了，快22岁，从江西出来，很孤独，之前在老家读书，与老人相伴，爸爸妈妈在杭州打工，到杭州后，心想终于可以与爸妈好好生活在一起。没想到，爸爸要回去当村书记，爸妈又回到了老家，我仍然只身一人在杭州打拼，住在舅舅舅妈家。每周学习训练很辛苦，好不容易盼到休息天，睡个好觉，没想到舅舅舅妈向我爸告状，打小报告，说我走进走出连招呼都不打，不做家务。师傅，您是知道的，平时训练到晚上十一二点，有时练到凌晨 4 点，累得快趴下了，没人理解我。”

石丹把内心的委屈，不停地倒了出来。

她越讲越难过，一把鼻涕一把泪，还对着清洁桶将午饭吃进去的食物吐了出来。

吉正龙慌了，赶紧端了杯温开水，拿起餐巾纸，给她递过去。

“石丹，师傅当年在杭州学徒，住在表哥家，你说的我特别理解。”

吉正龙清楚地意识到，石丹心头长期积压着委屈，加上她的年龄快到世赛限定比赛年龄上限，苦苦奋斗十年就为此一搏，临近大赛，压力可想而知。

吉正龙认真地宽慰道：“不是所有参赛选手都能拿奖牌，平时准备充分，获奖胜算就大，放平心态，师傅相信你的实力。”

“师傅，您更喜欢王芹、沈文青……”

“石丹，师傅眼里，你们都很优秀，从省队到国家集训队，层层选拔，又成为队里重点拿牌选手，我对你的辅导不比她们少。”吉正龙笑了，“作为师傅，手心手背都是肉，作为一名优秀选手，心态一定要好，我们都在为国家荣誉而拼搏。”

从新疆返回杭州，石丹父母从江西来到集训基地探望，吉正龙叮嘱他们好好跟石丹聊聊。

离第 45 届世界技能大赛不到两个月，全队上下都在做最后的冲刺。

随着出征时间临近，吉正龙每天去集训基地，让专家组长聂凤、教练员胡已雪帮石丹练习，还私下对聂凤说："你把我对她的点评，传给她听。"

"师傅，明白。"聂凤深知师傅的用意。

心理专家郛迪剑也对石丹进行一对一的心理辅导。

杭州集训基地呈现出一派团结景象。

喀山，俄罗斯联邦鞑靼自治共和国首府，是伏尔加河中游地区经济、交通、文化中心，该市与莫斯科、圣彼得堡列为俄罗斯三座历史文化城市，位于欧洲最长河流伏尔加河中游左岸，伏尔加河与喀河交汇在喀山城东，城市被青山环抱，风光秀丽，到处是原汁原味的自然生态。

吉正龙随中国代表团经停莫斯科转机到达喀山，办理入住后，就进入大赛开幕倒计时。

比赛前一天，石丹随教练团队乘坐大巴，前往比赛现场熟悉场地。大巴上，坐在吉正龙前排的石丹不经意地说了一句："我腿抽筋了！"

吉正龙赶紧把包里之前台湾同行送的药膏递给她："贴在小腿上，晚上回到酒店，用温水泡泡！"

次日早晨，吉正龙急切地问石丹："腿好点了吗？"

"师父，已经好了，放心吧。"

"太好了！"看着石丹情绪饱满，吉正龙松了口气。

比赛七个模块，三天半结束。

石丹的参赛模块名称及时间分割表发至选手本人及总教练。

第45届世界技能大赛美发项目参赛模块名称及时间分割表（总时长14小时30分钟）+（35分钟清洁时间）如下：

A 女士商业发型——2小时45分钟

B 女士时尚发型、接发片——3小时15分钟

C 女士走秀设计、真人、会议造型加拍照——1小时15分钟（加5分钟拍照）

D 女士长发向上、真人、会议造型加拍照——1小时30分钟（加5分钟拍照）

E 男士古典、胡须、真人——1小时15分钟

F 男士商业发型——2小时

G 男士化学改造——2小时30分钟

每一项目完成后都有5分钟清理工位和工作区。

比赛，紧张而又激烈。

第一天比赛下来，吉正龙一个晚上睡不好觉，翻来覆去，担心石丹能否顺利闯过后面几关。

第二天，吉正龙感觉石丹把控有度，精神专注，操作准确，没有失误。

第三天，石丹的发挥一切正常，吉正龙终于放下心来。

最后一场比赛是男士化学烫发，30多名美发选手，石丹竟

然抽到了唯一一个留长发的俄罗斯男模特。

就在石丹情绪不稳的时候，脑子里冒出了老师的话："要觉察、接纳、管理情绪。"

很快，石丹的心情平复了下来。

到了最后那一刻，石丹显得异常兴奋，最后一个模块结束，各国教练涌到自己国家选手工位，拥抱！吉正龙也快步过去，拥抱一下石丹。

石丹喃喃地问："结束了？"

"结束了！"吉正龙笑了笑。

"我还想再比一场呢。"

吉正龙笑了一下。

没过多久，中国代表团官员通知石丹，准备领奖彩排。

石丹心里明白，自己获奖无疑。

颁奖仪式上，大赛主席宣布，石丹以压倒性优势获得美发项目冠军。

时隔两年，中国人又把金牌夺了回来。

在本届世界技能大赛 63 个工种、1355 名选手的比拼中，石丹以总分 8.08 的成绩位列第二，世界技能大赛阿尔伯特大奖被总分第一的俄罗斯选手拿走了。

中华人民共和国国歌再一次在世界技能大赛上响起，石丹身披五星红旗站上了冠军奖台，她的泪水夺眶而出，她激动地在心中一遍遍感谢祖国！感谢师父的培养！

参加第45届世界技能大赛，与冠军石丹共庆胜利

石丹获奖后与其他国家选手庆祝

师傅，含有多高的人生内涵，师者，解惑也。

一日为师，终身为父！如果说对技术有独到之处、帮你取得实质性的进步、受人尊敬的人称之为师傅，那么被称为师父，则具有更强的感情色彩，在师傅的基础上又提升了一大截。

吉正龙桃李满天下，不少徒弟把他当成师长，生活上遇到困惑，总会同师父坦露心底，寻求师父帮助，工作上遇到挫折，吉正龙总会第一时间伸出援手，千方百计帮助徒弟理清思路，共同想出办法，化危转机。

在集训基地办公室，我看到一份材料。十几年来，经吉老师带出的学生，绝大多数技术赋能、品行高尚，实现了他们各自的人生梦想。

吉正龙的学生中，获得教授、副高职称以上的有 15 名；高级技师 800 人；技师、高级工几千人。

全国技术能手，全国总共有 3250 名，其中美发界超过 200 名，吉正龙带出培养的接近三分之二。

这一连串数字，让人赞叹不已。

吉正龙在培养高技能人才方面，倾注了极大的心血。

他如家长，对弟子们的思想教育一刻也不放松。他认为，职高是打基础，进省市区队，再到国家队，参加国内及世界大赛，获得成绩后，大部分人到职业院校当老师，一部分人到基地担任教练，技能无止境，政治素养、文化自信要同步发展。在我们国家，技能型人才的发展，走的每一步，必须具备讲政治，这是前提；听党指挥、坚守信仰是根本；要把工匠精神内涵理解吃透，精益求精。

随着国家对技能人才的高度重视，技能人才也有了更大的用武之地。曾经接受他指导的徒弟，有的门店越开越多，有的企业越做越大，有不少当上政协委员、人大代表，劳模工匠各种荣誉接踵而至……为此，他时常警醒徒弟们，切莫被一些不良风气影响，将自己的奋斗成果毁于一旦。

2022 年夏天，他经过一番琢磨，特地给徒弟们写了一封信，字不算很多，但情真意切，体现了师父对徒弟们的爱。

各位弟子：

大家下午好！

一、我们吉氏弟子队伍不断壮大，人员分布在全国各地，优秀人才国家级省级市级区级众多，作为你们的师父感到非常的荣幸和高兴。你们当中有人大代表、政协委员，还有各党派人士。师父在这里要说几句，望能给各位一点启发和提示。

二、做人要善良。古人说，做事先做人、做人要遵纪守法，不能做损人利己的事，做人要有底线，要热爱国家，热爱美业，关爱家人，敬老爱幼，助人为乐，关心企业员工，多做有意义的事。

三、做事要坚持。坚持就是一种力量，做任何事要对得起自己的良心，不做违背师门的事情，要诚信经营，要爱岗敬业，做事要有格局，目光放远。做人做事要真诚，做任何事要有个度，这个度要你去慢慢悟。做任何事在为自己着想的同时，也要为对方和别人想一想，别任何事情都想着自己的利益，否则谁也走不远，做任何事一定要有激情有创意，做任何事情要善于理解别人。

四、团结。团结的力量很大，团结才能办大事，师兄弟之间要相互交流学习。要互帮互助共同进步，师兄弟之间要相互珍惜。能够相识就是一种缘分，我收你们做徒弟，不是论你们的企业大小或钱多钱少作为标准的，我相信的是缘分，所以大家要和谐相处，珍惜我们之间的缘分。

五、感恩。感恩我们身在和平年代。感恩我们伟大的祖国。感恩国家的安全稳定，才有我们美业的稳步发展。感恩我们的父母养育我们，感恩我们的同事员工陪伴着我们一起成长壮大。感恩我们家人的陪伴与支持，感恩我们身边每一个帮助过我们的人。切记！

六、希望。希望所有的弟子都能够成为当地美业的标杆。企业有新发展，事业有成，生意兴隆！家庭幸福健康平安，开心快乐过好每一天，在不同的城市里成为美业的佼佼者。衷心希望各位弟子做人做事一定要守住底线，切记。

师父吉正龙与大家共勉

2022 年 7 月 24 日

吉正龙将信发给了弟子们。发出后，他的心情仍然不能平静，他总结出一条规律：凡是具备良好道德情操、敏锐政治方向、自律性很强的徒弟，一般技能成功后的路，都走得顺畅。

在吉正龙大师工作室，徒弟王芹送来一张最新的统计表，列出了吉门弟子近几年职业发展的大致情况。我拿来一看，顿时被这些沉甸甸的政治荣誉、技术光环所震撼住了。吉正龙说："师父把他们带进门，不光是教他们学技术，对他们思想进步教育很重要，政治上不脱轨，才能走稳走远。"

"您作为大师工作室领衔人，60 个徒弟，个个职业生涯、人生发展如此光鲜，太不简单了，百年树木，根深叶茂。"我说。

"我就是个日常为树木灌水的老头。"他笑了。

**吉正龙徒弟学习发展统计表**

| 名　称 | 数　量 | 比　例 |
|---|---|---|
| 国家级大师工作室 | 4 | 6% |
| 特级教师 | 1 | 1% |
| 全国技术能手 | 19 | 31.6% |
| 教授级高工、教授、副教授 | 8 | 13% |
| 中共党员 | 1 | 1% |
| 政协委员、人大代表、民主党派等 | 8 | 13% |
| 高级技师 | 10 | 16% |
| 亚洲、世赛、一带一路技能大赛金银优胜奖 | 16 | 26.6% |
| 国务院政府特殊津贴 | 4 | 6% |
| 省部级（市）劳模工匠、五一劳动奖章 | 21 | 36% |
| 全国五好家庭 | 1 | 1% |
| 全国青联委员 | 2 | 1.5% |
| 中国五四青年奖章 | 1 | 1% |

相当长一段时间，吉正龙除了带国家队打比赛、担任国内各项比赛裁判长之外，把更多的精力放在关注徒弟们的成长发展上。他感慨地说：“既然徒弟们把我当师父，那就是相亲相爱的一家人，我就要对他们负起责任，政治上、业务上双关心。”

陈平是吉正龙在宁波的徒弟王品珍介绍认识的。一开始，吉正龙觉得陈平技能上肯钻研，虚心好学，经营管理也有一套，但政治素养上与大师兄田建军他们还有很大的距离。作为一个企业经营者，特别在大上海，优秀民营企业家的政治素养、人文情怀尤其重要。

有一次，在成都集训期间，吉正龙特意带陈平参观一家党建搞得好的美发公司，陈平看后很受震撼，回上海后马不停蹄抓起了公司的党建工作。2021 年底全国大赛结束后，吉正龙收到陈平发给他的一篇由《劳动报》记者赵思宇采写的新闻报道，吉正龙看后非常开心，不仅把这篇文章推荐给上海美发美容协会，还同时转发给陈平的几位师兄，引起热烈反响。

**做百姓美丽事业的大城小“匠”**

记第二届全国美发美容职业技能竞赛冠军

上海潘多拉美发有限公司董事长陈平

2021 年岁末，上海潘多拉美发有限公司董事长陈平，获得 2021 全国行业职业技能竞赛第二届全国美发美容行业职业技能竞赛金奖。创业十年，他坚持用过硬的技术来证明勇敢追梦的价值；历经艰辛，也要努力为营造这个行业风清气正的氛围做出表率。

陈平谈起这次参赛，可谓一波三折。去年3月，他接到市人社局去成都参赛的通知，立马开始紧张备战。公司在全国有60多家门店，他作为董事长工作很忙，但仍坚持忙里偷闲到门店为客人做头发，所以只能双休日在家没日没夜练习，背理论、做实操、练调色。他备战了八个月，时常练到手都抬不起来，光器材模特耗材就花费了30多万元。到了成都在酒店里住了五六天，可比赛前一天得知，因为疫情原因比赛延期举行。陈平回沪后又遇到疫情，就回到浙江丽水老家闭关专心练习了一个多月，当被通知比赛改在江西后，他又马不停蹄地提前赶了过去。

功夫不负有心人，陈平过五关，斩六将，从260多位选手中脱颖而出。荣获金奖回沪后的第二天，他郑重地向楼宇党组织递交了入党申请书。对于这次全国性行业技能大赛，他无比看重，他想通过备战的全过程，鼓励1000余名职工坚定信念。每一份努力都会一览无遗地呈现在公众面前，都会得到应有的回报。

**要守匠心，精匠艺，做匠人**

陈平到上海创业十年来，从收30元理发到收三四百元美发，靠的是踏踏实实磨技术。他带领团队迎难而上，既不断创新发型迎合年轻人的审美需求，又提倡道德情操至上，勇开风气之先，避免推销会员卡。作为潘多拉美发专业连锁品牌创始人，他从不坐在写字楼喝茶聊天紧盯业绩，而是经常深入一线做示范，关注职工技术能力提升，培养企业为民服务的情怀。

陈平发现，很多来学美发的员工自律性差一些，书没读好，又怕吃苦，于是就系统性加强职工文化知识、职业道德和业务技能培训。有一次，公司组织了30多位职工去厦门参加专业技能培训，他硬是开了11个小时的车，赶过去严格督导管理，为后来学员成为全国、上海技术能手打下坚实的基础。陈平持续着力打造“专精特新”技师团队，提升公司核心竞争力，创新性地携手上海交大组织职工继续教育，推荐一批技术能手到北京美容美发实训基地学习高层次店长管理技能，公司每个月举办近20场业务培训，邀请国内美发界大师授课，帮助职工了解美发前沿资讯及流行色彩，激发职工学技术的热情。公司还在闵行科技园建起2000平方米的技术孵化梦工厂，帮助职工学技术、学管理，文明实践的风气在公司里蔚然成风。

同时，陈平积极将公司文化与城市发展对接，坚守为民服务的情怀，推动公司发展。2020年3月，公司派出6位理发师为上海公共卫生中心的抗疫英雄提供公益服务。陈平不仅自己从党史学习中吸收养分，还积极营造学习氛围和条件，让“党史+技能”成为公司奋斗前行的双引擎。他邀请市总工会劳模讲师团的劳模，在开门营业前一小时给职工讲党课，通过理想信念教育，提升职工的进取心。

在上海美发行业中，“潘多拉”成为第一家推出店堂间里学党史的公司。

如今公司的发展日新月异，每年上海店服务顾客五六十万人，公司成立至今，收到网络好评达100万条。“公司会坚守信仰，努力成为行业标杆。用心用情为老百姓做好服务，不忘初心再出发！”陈平如是说。

吉正龙不时关注潘多拉的发展，尤其关注陈平个人的成长进步，他意外地看到潘多拉在疫情防控后复工复产火力全开，把牢安全健康防线，“一剪刀消毒服务客人”报道在东方卫视播出，吉正龙打心眼里高兴。隔三岔五，吉正龙就会提醒他，做好自己，利益他人。

榜样的力量无穷无尽。师徒聚餐，行业团建，吉正龙经常在徒弟们面前提及聂凤、王芹、田建军、赵兵等美发界标志性人物。每每说到聂凤、王芹当上全国青联委员，扬州三把刀非遗传承人赵兵，大师兄田建军开了30多年夫妻老婆店，产值过亿元，做人做事低调，被评为全国五好家庭等徒弟们的幸福人生时，吉正龙就笑得合不拢嘴。

润物细无声。把几十名徒弟各自优良品质发扬光大，既能激励徒弟再接再厉，又能让正在创业路上的徒弟，不被不良风气迷眼。奋斗路上加速跑，弘扬身边榜样，营造“创业难，守业更难”，昂扬向上的正能量氛围，吉正龙作为师父，他要做的这件事，坚持做了十年。

只要徒弟到他的大师工作室来培训、进修，吉正龙总会抽出时间，与他们个别谈心。上海二轻校 90 后青年教师胡鲁飞，春节后到杭州师父的工作室进修，他比其他徒弟提前一天到达。师父如父亲，吉正龙在办公室与他谈了五六个小时，师父鼓励他，作为全国技术能手、五一劳动奖章获得者，在业务上要勇挑重担。

师父的话，胡鲁飞铭记于心。

几个月后，上海市第二轻工业学校作为参加世界技能大赛国内选拔赛上海队集训基地，成立教练组，学校领导征求吉正龙教练班子人选意见时，吉正龙力荐胡鲁飞担任教练组组长，得到校领导的同意。

吉正龙后来谈道，职业技能人才的培养，难度很大，培养他们的政治思想意识与管理能力，需要我们从细节入手，严格管理，悉心传帮带。如陈平、石丹、胡鲁飞等大批有素质的后起之秀美业人，年龄处于三四十岁阶段，风华正茂，心无旁骛，他们会将接力棒一棒棒传下去。

2019 年第 45 届世赛结束，吉正龙带队回国，队员回到各自学校与基地。

一年后，根据人社部要求，国家队集结备战第 46 届世赛特别赛。集训第一天，吉正龙召开一次学习会，说是专题学习，也对集训队包括基地工作做了简要务虚。

吉正龙是这样说的——

古话说，“吾日三省吾身。”很多时候，我们缺乏的并不是经历，而是足够的反思。

自省，是一个人变好的开始。一个人只有懂得自省，抛弃自以为是的想法，才能不被假象蒙蔽，看到真实的世界。就像揽镜自照，只有照出自身不完美的地方，才能有针对性地改正，取得进步。发现自身的缺点不可怕，茫然不知所措，才会让自己一错再错，在失败中徘徊不前。做技能，讲的是实事求是，来不得半点虚假。

没有直接登顶的人生，只有不断进步的自己。直面问题、时常反省，是一个人进步的最快方式。

人和人之间的差距，往往不是突然形成的，而是在日积月累中逐渐拉开的。

比如，有的人坚持用空余时间读书、学习，有的人则常常游戏人生、不思改变。其中的差距一两天看不出来，但过了一两年就会有明显的差异。

成大事的人，大多目光长远。他们很少幻想一蹴而就的成功，而是在日积月累中不断成长。成大事的人，也能脚踏实地。他们一旦定下目标，就会自觉沉下心、抵住诱惑，朝着目标不懈地前进。

有句话说得好：“在今天和明天之间，有一段很长的时期。在这段路上，唯有自律，能陪伴着我们不断前行，日益精进。”如果你对自己的未来做了规划，就从此刻开始，用足够的自律去一步步践行它。

人生在世，难免会遇到大大小小的挫折。面对生活的起伏，如果总是消极颓丧，只会让自己的处境更加艰难。

越是身处低谷，越要拿出实实在在的行动，想办法重新振作。行动起来，日子才会有奔头；迎难而上，人生才会有所期待，年轻不可轻。

更不妨将挫折当成一块“磨刀石”，不断试错，使技能愈发成熟、心志愈发坚韧。请相信，良好的品格、优秀的习惯、坚强的意志和自律的精神，是不会被所谓的命运击败的。只要你不放弃自己，人生就还有新生的机会。

你不认输，生活就撂不倒你。愿你勇敢向前、持续沉淀、不断蜕变，成为更好的自己。

有时候，幸福不是越多越好，而是要恰到好处。

基地第一次“开学讲”，吉正龙一改往年偏重于技术创新，这次，他的开场白非常激励人心。之后，他把聂风总结的前几届的比赛情况放在显示屏上，梳理作战思路，鼓励大家打好第46届世界技能大赛美发项目比赛。

与往常一样，吉正龙开车从萧山家里到拱墅基地，这天，我正好跟车到他的大师工作室实地探访，车在杭州市内高速路上行驶，胡已雪打来电话。“师傅，昨天拍视频，选手操作过程中，不能戴手镯、项链之类，整个画面重新剪，加上配音。”电话那头传来胡已雪的声音。

“是的，这些都是基本要求，按照正式比赛规则，小雪，要留白。”

“好的，好的，师傅。”

“你在学校？”

“在家里呢，后天开学。”

“辛苦了！”

半个小时后，我们来到吉正龙的办公室。

办公室墙上活动板上，写着今天日程：

上午 9 点，做模头讲解。

上午 11 点，跟翻译谈选手情况！

下午 1 点，带选手实操。

下午 4 点，与残联联系选手出国签证事宜。

晚上 7 点，教练员开会，研究给选手提升技术方案。

晚上 9 点，联系心理专家第二天中午给选手做心理健康辅导！

我不由得会心一笑。

他看了我一眼，挥了挥手，直白地说：“每天都是这样，做不完的事。”

今天带教的不是老队员，而是聋哑选手，将参加 2023 年 3

月底在法国梅斯举办的第10届国际残疾人职业技能竞赛。进入实训室，只见哑语翻译跟着教练沈文青的手势，有条不紊地传递给残疾选手，选手不停地点头，做出手势，表示理解。吉正龙静静地站在旁边，聚精会神观看，没过一会儿，他时而讲解，时而自己上去示范给她看，指导残疾人选手练习剪发。这位聋哑女孩子挺有灵气，吉老师教得快，她也学得快，训练房内气氛既紧张，又活泼。

此时，站在一旁的沈文青，仿佛看到了几年前的自己，心里涌起无可言状的暖意。这一幕，是她青春岁月见过的最美的风景。

杭州市舟山东路124号。杭州拱墅区中国美发世界技能大赛集训队集训基地，吉正龙正带着几位备选参加2023年全国职业技能比赛兰州赛区美发技能部分比赛的选手。尽管属于二类赛，但吉正龙始终不敢怠慢，一丝不苟地在一起训练、做模特，讲解发型设计。来自上海、天津、昆明、新疆的选手齐聚一堂，世界冠军石丹以及沈文青、王芹等弟子悉数到场观摩师傅的教学课。

这一天，是基地创始人吉正龙58岁生日。他在基地默默耕耘了11年。作为中国美发大师，吉正龙的教练生涯载誉无数，先后培养出聂风等一批卓有成就的弟子，目前他依旧站在中国美发集训基地的最前沿。这一天，近20名吉正龙国家级技能大师工作室“毕业生”回到了昔日生活、训练的地方，向恩师齐声祝贺。

吉正龙用“感恩、感谢、感悟”回赠弟子，不忘提醒，中国美发技术，通过一代代人的努力，取得了令人鼓舞的成绩。要薪火相传，激发起成千上万年轻人学美发的积极热情，以技能、诚信、情怀提升美业在竞赛及服务百姓日常生活中的整体水平。

这条路还很长。中国美业需要愚公移山的精神，需要共同努力。

在舟山东路 124 号，吉正龙潜心磨剑 11 年，培养出了一大批弟子，历届国家集训队大部分选手来自“正龙制造”，撬动中国美发技术含金量有质的飞跃。美发行业跟着中国式现代化发展步伐，需要一批批有朝气、有能耐的年轻人艰难爬坡过坎。吉正龙期待这些弟子们成熟后，当成了教练，能在这一职业教育领地、世界技能大赛舞台上有新的突破、新的成就。

从行业发展来说，美发产业处在承前启后、适应城市化进程、跨越式发展的特殊阶段。美业既返璞归真，又锐意创新，在打造时尚之都、美丽之城中扮演自己的角色，提升广大人民美的幸福指数，必然需要一支知识型、技能型、创新型的美发师庞大队伍。从个人发展来说，希望技能人才能永怀“执着专注、精益求精、一丝不苟、追求卓越”的工匠之心，在为国家做贡献的同时，也成就自己的出彩人生。

# 第九章
# 国家荣誉至高无上

2021 年 7 月 1 日，我作为来自上海各条战线 100 名劳动模范之一，出席上海市庆祝中国共产党成立 100 周年文艺晚会，参加大合唱《在灿烂的阳光下》。为顺利完成这项光荣任务，体现上海工人阶级听党指挥、艰苦奋斗的时代风采，我们足足排练了一个月。这次排练，让我有机会与“七一勋章”获得者、全国纺织工人一代楷模黄宝妹，“抓斗大王”、新中国 100 位英雄人物、全国道德模范包起帆，全心全意为人民服务的“小扁担”杨怀远等著名劳模有了更多的接触。

在上海大剧院后台候场时，我欣喜地见到了 80 多岁高龄的黄宝妹，深感荣幸。黄宝妹是新中国培养成长起来的劳模，她敬业爱岗，无私奉献，为国家纺织事业做出了巨大的贡献，由她自主创新，创造出的独特的工作法，打破了当时国际上某些国家对我国的经济封锁。她多次参加世界青年英才大会，曾受到毛泽东主席等党和国家领导人的亲切接见，为国家争得了荣誉。她的事迹被著名电影导演谢晋搬上银幕，影片《黄宝妹》一度让无数热血青年深受震撼。

"我们作为劳模，就是以党的利益、国家利益为重，为国家创造财富，三百六十行，行行出状元，这样的精神已经成为一代代中国人创造奇迹的精神力量。其实，我只是做了一点点实实在在的小事情，不值得把我捧得那么高。眼下，各行各业都在为实现中国梦辛勤地奋斗着。"

黄宝妹师傅的一句话，让我久久不能平静。

两年过去了，偶尔想起合唱的片段，我总是能想到吉正龙老师。尽管他与黄宝妹从事的行业不同，但身上的劳模精神，一代又一代地传了下来。

世界技能大赛竞技场上，他带领年轻的中国技能健儿，不畏强手，以精湛的技艺，匠人匠心，勇创佳绩，体现了中国人巨大的聪明才智、强国奋斗的精神特质。在国际社会上，一次次国歌奏响，一次次五星红旗冉冉升起，吉正龙欢欣鼓舞，热泪盈眶。

新华社、俄新社、巴西国家通讯社记者采访他。他说："作为中国人，国家荣誉感一直在激发我们勇攀世界技能之巅。技能领域的'珠穆朗玛峰'被中国人征服，传递伟大的民族精神，鼓舞成千上万青年学生，走技能报国、振兴中华发愤图强之路，感谢国家、地方政府重视职业技能教育的成长发展。"

"美发文化是中国千年传统文化的一部分。我们在传承中发展，在发展中前行。中国加入世界技能大赛大家庭后的第二年，获得了银牌，为中国代表团开了好头，第 43 届世界技能大赛，历史性地拿了金牌，亚洲其他国家至今没有拿过世赛奖牌，何况金牌，充分印证了中华民族是勤劳智慧的民族，体现了社会主义制度办一切事情的优越性。”

简单的采访博得了现场记者的一片掌声。

澳大利亚一位记者说：“澳大利亚挑战赛，我们就明显地感受到中国人不一般的实力，参赛选手精神状态非常好，有着强烈的国家情怀和民族凝聚力。”

杭州集训基地，五星红旗悬挂在训练房。

作为民革党员，吉正龙对中国共产党非常敬仰，先后向集训队队员、徒弟们推荐党的学习文件、习近平总书记论青年讲话、摘录青年立志成才名人名言等等，日积月累，不曾中断。

吉正龙这一套“渐变式”手势，日久天长，对徒弟们长远发展至关重要，也挺管用。

“吉老师对我们政治上很重视。常言道，一个出色的技能型人才，首先要对党和国家忠诚，明确政治方向，坚持马克思主义世界观、方法论。平时，他把大师兄田建军坚持做学习强国的习惯，逢人必讲，逢会必说。大师兄也是民主党派，认真学习的劲儿始终绷紧，时时刻刻地在引导我们坚持理想信念。”石丹感慨地说。

身在上海创业发展的徒弟陈平，深感学习的重要性，毛主席老三篇放在床边，有空时不时翻翻，他的朋友圈，红色文化成了一年多来发得最多的词条。有一次，他对前来调研工作的领导讲了对中国改革开放史、新中国发展史、中国共产党光辉历程的认识，他说：“书记，中国几千年历史，货真价实。共产党百年奋斗史为什么伟大？毛泽东思想为什么永远活在国人心中？我琢磨太久太久，深感其中蕴含的文化、经验博大精深。”

工作之余，陈平主动联系劳模进理发店堂间上党课，这一“新鲜事物”在上海炸开了锅，一度占据网上热搜。闵行区梅陇镇人大副主席、总工会主席施佩玉对《工人日报》上海记者站记者裴龙翔说：“那天理发店美发师听党史专题教育，容纳100个座位的会议厅，座无虚席，没有人开小差，个个听得认真，比机关事业单位的同志学习都认真，令人感动。”

吉正龙，作为总教练、美发专家，“严格”两字在业界出了名。他的魔鬼式训练，一直让手下选手直呼吃不消。国家队备战世赛，提前一年就科学制定好训练纲要，细化到每周、每个环节，一旦发现选手的缺陷，就“马上改”，不改好不过夜。他铁面无私，严格对标世赛考纲和过去的经验，经常举一反三。第41届世赛中国技能选手体力不支，他吸取教训，对选手的体能提出了要求。

他常说：“作为一个顶尖选手，自己做得不满意，怎么让裁判满意呢？”国家培养一个优秀人才不容易，每个环节都不能马虎，真正做到一丝不苟、全神贯注。

对选手是这样，对裁判员也不例外。

第45届世界技能大赛国内选拔赛，三位裁判员没有按规定时间集合上车，吉正龙不停抬腕看表，过了时间，仍然未见人影，他很恼火，板起面孔：“不等，开车，不等，开车。”车上选手们惊讶：吉老师，动真格，真狠啊。

他随即向上级领导反映："裁判不遵守纪律，怎么能做个好裁判?"

当场，裁判组解雇了这三个裁判，让他们打道回府。

裁判"迟到事件"，基地内传得沸沸扬扬，有人认为总裁判长"小题大做"，但是，绝大部分人支持吉正龙的做法。

严格不是说说而已，重要的是落地见效。

"铁腕教练""霸道教练"在业界出了名的厉害，但吉正龙也有"柔情似水"的一面。基地的文化生活比较枯燥，休息日，他就自己出钱请大家去看电影、观摩画展。

吉正龙时常考虑参加集训的孩子们，他们全年无休，远离父母，各方面关心必不可少，手头总要有点零花钱。之前，基地给予每人每天50元补贴，在向上级主管部门多次提出申请后，津贴标准提高到每天100元。这消息不胫而走，选手们欢呼雀跃。

吉正龙是个细心的教练，国家队选拔赛比赛时间一般由他制定，形成一整套书面文件，并报送有关部门审核。有一次，他发现个别备赛队员听到比赛时间的安排，显得心事重重，寡言少语，吉正龙安排队内的心理专家过问一下，原来，比赛这段时间正巧该女选手来例假，于是，征得有关部门同意，吉正龙迅速调整比赛时间，印发程序手册。

有选手戏称，总教练既当爹又当妈，为全队出成绩操碎了心。

吉正龙听后，呵呵呵，一脸憨笑。基地保安陈师傅说："吉教头就像青年人，给点阳光就灿烂，一年四季，没见停下来的时候，辛苦啊。”

学员张省才讲了一件事。2023 年 3 月初，全国美发美容行业职业技能竞赛前夕，他从上海到杭州基地，接受吉老师等指点。第二天，临近结束前，吉正龙老师从杭州郊外驱车赶到基地，仔细对每个人做出作品讲评，只见吉老师喉咙嘶哑，牙齿发炎，面孔肿得像个馒头，仍然一丝不苟做辅导，天色已晚，但他丝毫没有懈怠。吉正龙的助手沈文青说：“师父对前来请求帮助的美发师，从来不收费，有求必应，教得认真，他简直把美发当作事业，爱得痴迷。”

随着一届接一届世界技能大赛的开展，吉正龙越发感觉，先进的理念、时代责任、精益求精的精神，不仅仅是一个个名词，而且是主谓宾不可分离的结构。

他坦言，入行初期，他只想做好手艺活，把这当作赚钱的唯一手段，只管用心用情剪好顾客头发，客人满意就 OK。随着社会的发展，经风雨见世面，政治学习、业务研讨频繁起来，自己逐渐养成了学习与思考的优良习惯。在这个过程中，他始终如一坚持创新，与国际同行交流中融合中西方文明，为他打开了前行的一扇窗。在指导集训队教学与日常训练时，他探索世界美发项目发展趋势，学习运用数字化等先进科技进步理念、互联网工具。在这样的大背景下，中国美业如同其他行业，技术创新脚步一刻也没有停顿，助推国家科技进步日新月异。

平时，吉正龙接触过各行各业的劳模工匠、道德模范，深受他们的影响，为自己的业务管理能力注入了新的内核。讲政治、讲技能、讲奉献、讲抱负，这“四讲”，成为吉正龙深耕职业教育、参加世界技能大赛最鲜明的底色。一方面，他通过主持参与世赛选拔赛、国内行业技能大赛技术文件制定，其政治性、创新性、系统性体现得淋漓尽致；另一方面，在全国部分职业院校、省市区集训基地，他不遗余力弘扬美发创造性发展，鼓励在创新中转化成果，重视作品原创性，最终走向市场化，满足不同层次劳动群众对美的追求。他将美业与健康中国联系在一起，提升美发在商业服务领域的文化软实力，更好地为新时代中国特色社会主义制度服务，鼓励职业学校的学子，专注做成技能报国这一件事，促进青年就业及其对不同文化的理解与包容。可见，吉正龙的思想、情怀达到了一定的高度。

2017 年 6 月 20 日，吉正龙参加中国浦东干部学院“大国工匠国情”研修班，这是中央组织部组织的一次高规格的专题培训。研修的主要内容涉及面广，针对性强，对开拓学员的思想境界，把握历史发展脉络，提升人文素养，尤其是在大局中思考问题的能力起到了很大的作用。

人社部领导讲了人才发展战略，工业与信息化部领导讲了工业 4.0 版本创新性发展与大国崛起，解放军某空军学院将军讲述国际关系与中美关系。上海市委党校、中国社会科学院教授做了改革开放浦东发展史报告，实地参观上海具有代表性的两家创新型企业，每天晚上小组大组进行讨论，最后，写一篇学习感想。吉正龙非常重视这次难得的培训机会，不断做心得笔记，学习结业时，他拿到了由赵乐际院长签发的结业证书。

吉正龙深有感触。这次中国浦东干部学院的学习，对他而言是一次里程碑式的教育，是一次思想上前所未有的历练，开阔视野，明晰路线，他得以重新思考职业教育工作者的使命与未来，在新时代如何用“咬定青山不放松”的劲，做实职业技能培训科学前瞻性研究，依托世界技能大赛推动技工教育专业教学改革。站在新的历史点上，吉正龙一刻也停不下来，他要做的事情有很多：带好队伍、推动国家高技能人才走向世界……为此，基于世赛经验，他一口气写了六篇职业高中教学研一体化调研报告，得到了人社部职业教育司、杭州市人社局的充分肯定。

由此，吉正龙开启了又一次全新的奋斗之路。

“一带一路”国际技能大赛，作为我国政府倡导人类命运共同体之后举办的重要比赛，作为一项重要政治任务，吉正龙尤为关注。

以“技能合作，共同发展”为主题的这届技能大赛，来自44个国家近700名代表参赛，中国代表团派出32名选手参加，观众现场观摩达到了5万余名。

比赛中的美发项目是指运用洗、护、吹、剪、烫、染技能以及毛发、头皮生理等方面的专业知识，为人们提供广泛的服务，包括剪发、染色、造型、化学定型、化学改善和特殊的头发处理及护理等的竞赛项目。

剪了39年头发、做了20多年教练的美发专家吉正龙告诉

2023年3月，吉正龙带领聋哑选手王晓珍
在第10届国际残疾人技能竞赛现场

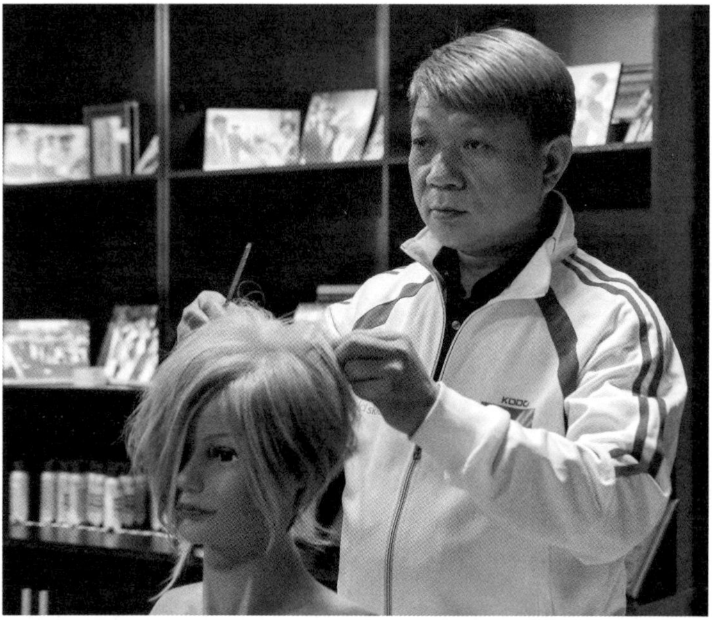

吉正龙在国家级技能大师工作室创意女士发型

吉正龙荣获 2022 年世界发型设计家协会中国区技艺成就大奖

记者，世界级比赛中的美发考查的都是选手的综合能力，从接待顾客开始，包括健康安全、客户关怀等各个方面的能力，以及接发、染发、烫发、缠发等美发技能都要符合相应规定。

比赛期间，吉正龙还在重庆国际博览中心为2000余名中外观众，现场表演真人版美发技能，讲解当今潮流的晚宴盘发、男士时尚剪发。美轮美奂的作品，让现场观众连连大呼过瘾。这场表演活动，起到了大众普及、宣传中国传统美发文化的积极向上的作用。

吉正龙、聂风分别担任“一带一路”国际技能大赛美发项目的裁判长和副裁判长，大赛特邀世赛首席专家多娜女士进行观摩指导。本次大赛的美发项目主要通过女士商业剪发、男士时尚剪发、女士新娘长发向上造型及男士古典四个题目进行竞赛。

本届大赛上，中国代表团美发选手石丹获得了银牌。

# 第十章
# 德技双馨领头羊

杭州，是一座蕴含工匠基因的城市，被联合国教科文组织授予“工艺与民间艺术之都”称号。进入新时代，新一代“杭州工匠”踊跃书写着诗画江南、人文创造的精彩新篇章。

琴美美业总经理兼内训师田建军就是杭州优秀手艺人中的一员，他深耕美发行业 30 余年，以自己的执着进取赢得了属于自己的荣誉和别人的尊重。

吉正龙多次向我提起他的徒弟们眼里的这位大师兄：夫妻老婆店起家，开了 40 多年，是萧山老百姓心中的老字号，如今产值过亿元。见到田建军的第一眼，就感到他颇具艺术家气质，风度儒雅，连同他“浙江工匠”“全国五好家庭”“夫妻档政协委员”光环，亮丽鲜艳。

老板田建军，老板娘陈琴美，地地道道的杭州萧山人。

风和日丽的上午，田建军聊起了他的“创业史”。

1967 年 6 月 1 日，田建军出生于萧山西兴镇，在家排行老四。初中毕业时，以三分之差未能考上高中，没有机会继续求学。那时他年仅 16 岁，不能直接参加工作，田建军又不甘愿在家待业，想着去外婆家的副食品小店帮忙。

外公是绍兴人，祖上知书达礼，夫妻两人在当地颇有些名望，小店接待的都是街坊邻居。外公外婆做生意的时候，田建军从他们的言行举止中学到了许多做人的道理。当时，家里经济状况并不富裕，店里卖的苹果坏了，他们要么低价出售，要么削掉自己吃。田建军现在回想起来，在外公家帮忙的两年，为他独立走向社会上了第一课。

1984 年春节一过完，田建军就跟外公说："我现在 18 岁了，已经成年，可以去外面工作上班了。"

田建军的第一份工作，是在杭州陶瓷厂做临时工，在车间里做碗。1984 年 7 月，工厂发布招工通知，田建军就去报名应聘，当时招工要参加统考，根据考试分数排名依次录取、分配岗位，这批次录取 4 人，他做翻砂工，其余分配电工、钳工、电焊工。对此，田建军心灰意冷，论考分，属他最高，而他分到的工种相比其他工种既脏又累，尽管这样的安排有失公允，但田建军别无选择，只能接受。

有一年，部队来征兵，田建军去应征，但视力关没过，错过了一次改变人生命运的机会。

田建军学美发，得从他的妻子陈琴美说起。

陈琴美学美发时年仅 15 岁，父亲给她找了个美发师父，1980 年 12 月开始拜师学艺，学了两年徒，至今已足足做了 40 年美发。

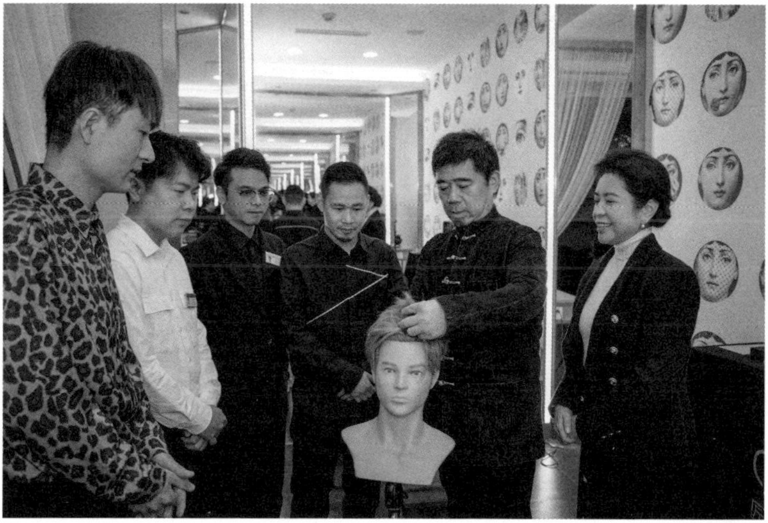

第24届亚洲发型化妆大赛冠军陈琴美（右一）与丈夫田建军（第11届全国美发大赛晚宴发型冠军，右二）指导选手参加第二届全国职工技能大赛

陈琴美开的第一家美发店在西兴镇上，就在田建军外婆小店的对面。

当时她的小店就自己一个人经营，另有一个妹妹打下手。起初田建军和她并不相识，他是在外婆家帮工时，开始了解她的。

陈琴美年轻漂亮，一双眼睛大大的，待客热情和善，家教也很好，每次帮人做头发的时候，旁边总是有一堆人围着，有顾客，也有些是来店里聊天的邻居。田建军属于围观人群中的一员，后来他开玩笑说："那时候你的理发店，就是信息交通站。"

"你的为人不错啊。"田建军对陈琴美说。陈琴美先愣后笑，当时通信闭塞落后，住宅电话几乎没有，常常有人托她找朋友，就会留口信叫她帮忙传话。

田建军闲着的时候，来她这里坐坐，见到理发店的水缸里没水、煤饼炉需要换煤饼，都主动帮忙，时间一长，两人便慢慢产生了感情。

1986 年，陈琴美叫田建军学一门手艺。但当时，田建军在意单位有份稳定的工作，觉得辞职比较可惜。一年后，他终于开始思考自己的未来，这时的他已成熟懂事了很多，便听从陈琴美的建议学起了美发。

1987 年 11 月，田建军去上海学美发，师从中国四大名师之一的刘瑞卿之子刘文俊，学了 3 个月，师父生病了。1988 年，上海爆发甲肝，师父喜欢吃毛蚶，感染上了肝炎，他无奈又回到了杭州。一段时间后，想着师父的病应该好了，他到上海看望，却发现师父已去日本留学，从此与师父失去了联系。

从上海回到杭州，田建军工作没着落，整日在妻子的店里打杂，他对美发的兴致不高，但也没有其他适合的工作，于是，妻子通过关系找朋友帮忙，让他去杭州时美美发厅试试。杭州时美是一家国营特级理发店，当时的经理是吴祝元。

在大姐、妻子陪同下，田建军去杭州拜师学艺。原以为是免费学手艺，却不料国营店有个规定：学费一个月 600 元。当时他每个月的工资只有 51 元，600 元学费抵得上他近一年的工资。

“这不是学不会，而是学不起啊！”

上海学了 3 个月，也只学了洗头和卷杠，连头发都没剪过。如果他只在这里学一个月，那不是浪费钱？于是，他对妻子陈琴美说：“不学了，另外再想办法。”

出乎意料，大姐和妻子私底下把 600 元学费交了，然后把他拦下，递给他一张收据。田建军见状，惊呆了。

晚上回到家里，他暗下决心，这辈子都要做美发，不能辜负了她们的良苦用心。若干年后，他应约在《萧山日报》写了篇文章《两个女人和六百元改变我一生》，里面说道：“当初，没有她们的坚持，就不会有我今天的成就。”

在田建军眼里，妻子陈琴美不光贤惠，还富有创新精神，眼光独到。早在 1985 年，她就提出要去学化妆技术。当年通过他师父的朋友介绍，陈琴美去了上海南京美发店学化妆。学会之后，她在西兴镇上做了 3 年的化妆，技术娴熟，名气在外。西兴镇和周边农村女孩出嫁时，都慕名来找她化妆，而“琴美”最初也是以新娘化妆出名的。

1988 年初春，他们把美发店搬到了萧山城区。

妻子跟田建军说：“在西兴镇上，我们只能服务这个镇上周边的人；如果在萧山，客流量可以扩大，可以服务更多的人。”

田建军说道，杭州“时美”坐落在延安路上，上下班路上两个多小时，那时时美特级国营美发厅门庭若市，进去的人先买票，根据票号排队理发。他跟着吴经理学手艺，师父是人大代表，三天两头要出去开会。

学不到手艺，干着急。有一天，他鼓足勇气对师父说：“师父，您天天出去开会很忙，我这 600 元学费，一个月学习时间很快就没了。”师父看了他一眼，便把田建军介绍给他的大徒弟毕顺忠。

在田建军的记忆中，名正言顺跟着学过美发的师父有三个：第一个是刘文俊，第二个是毕顺忠，第三个是吉正龙。

一开始，田建军没有上手机会，只能站在旁边看着，坐“冷板凳”。后来，逐渐地跟师父学手艺，田建军天资聪颖，肯动脑筋，学得异常快。

2000 年冬天，琴美在瓜沥开了第一家分店，那是因为很多客人提出：“你们到瓜沥镇开一家分店，我们就不用大老远赶到萧山城区。”

那里开家店，既可以给顾客带来方便，又可以赚更多的钱，何乐而不为呢？没想到这家店仅仅开了 8 个月就关门了，原因是夫妻俩不懂经营管理。

企业的形成、发展需要具备一定的路径和硬件条件，不是随意就能开成功，首先经营管理要科学有效。比如在市心广场开店，可以实行“一眼管理”，即眼睛瞄一瞄就能管理，发现某个员工不认真，提醒一下就行了。但店铺从一楼扩张到二楼，楼上就看不到了，很多弊端随之出现。

有一天，田建军从市心广场店出发去瓜沥店巡店。刚出门，瓜沥店就收到他出发的消息，那边的员工起床的起床，在外逗留的赶紧回来，与田建军玩起“躲猫猫”。他到店里时，看到的认真都是假象，令他百思不得其解的是，新店为什么没有客人。

通过不断暗访，最后弄清楚了原因，关店前他考虑了三天三夜，哪怕亏了几十万元，最终还是关了它。他不能去责怪这些员工，因为店里对这些员工缺乏系统的教育培训，导致他们随心所欲。

吃一堑长一智。经历此事，田建军大彻大悟，开门店，不仅仅是技能，科学有效的管理必不可少。

2003 年 4 月，他们在北干一苑开了一家琴美金城美发店，时运不济，遇上“SARS”，几个月后，生意才开始好转，新店开业就聘用店长，采用店长制管理，团队力量显现，管理井井有条，业绩由稳趋升，开了 20 多年，成为“琴美”旗舰店。

“开设分店以后，店里没有会员充值、办卡等业务，这对美业来说，面临不小风险。”田建军坦言，起先有会员，也有充值业务，面额都是两三百元。

2001 年，田建军担任了萧山工商消费者协会美容美发分会会长。套卡金存在很大隐患，很多店铺倒闭是经营不善，资金链断裂，无力归还挪用客户的钱，以致美业在大众面前信任度一落千丈。

于是，2008 年，田建军就提倡“分钟退款”，2019 年更是向社会公众承诺“十怕十诺”，凡是客户在琴美公司充的钱，只要客户想退款，实行“无理由”退款。经营过程，明码标价，诚信为本，优质服务留住老客户，吸引新朋友，还美业一个晴朗的天。这些举措，不但释去了顾客心头的困惑和怀疑，还为“琴美”在品牌建设上迈出一大步。

不然客户的价值体现在哪里?

田建军与陈琴美夫妻老婆店，立足萧山，服务萧山，只做强不做大，步步为营，思路清晰，理念不断创新。尽管夫妻俩均为民主党派，但是他们对中共建党思想悟透，转化为经营管理指导思想与工作方案优化的成果。

琴美未来的路在哪里?

他们已经从美发发展到化妆美容和护肤全生命周期，健康美丽是“琴美”人的终极目标。市心广场的店墙上挂着的标语是“琴美，健康美丽事业”，把健康中国与公司文化融为一体。

有记者问起，公司的经营模式和管理理念发生了很大变化，为什么会想到追求更深层次的身体健康的美呢?

田建军不假思索地回答：“当时，我提出过一句话：‘琴美’

创造美，呵护美，美从这里开始。现在公司的理念是：匠心创造美好生活。20 年前我曾说，我这辈子就做美发事业，我有天赋，有些造型一目了然，一看就懂得该怎么剪、怎么处理。近年来，公司一直致力于做健康美业，不仅仅是帮助别人健康，我们还要把自己的企业做健康。”

2019 年春节，田建军写了一封家书，与妻子进行了一次书面“谈话”。

信中这样写道：

> 我今年已经 50 多岁了，人生是否有下一个 50 年都是未知数。老话说，人生就是一张 100 元，50 元用完了，还有 50 元也不知道能否用完。但是我们前面的 50 年，创业花了 30 多年，我们收获了很多。比如说这么多员工跟随我们，这么多客户认同我们，我们收获了很大的幸福，有多少人能有这种福气？比我们技术上做得好的店有很多，为什么这么多人跟随我们，因为我们诚心诚意地对他们好，关注他们，共同富裕。

平时，田建军经常对员工们说：“感谢你的父母，把你生在了中国；感谢中国共产党，共产党越来越强大，带给我们足够的安全感，如果你的父母把你生到伊拉克战火纷飞的地方，你都不知道能不能看到明天的太阳。我们国家这么强大，完全不用担心。”

有时候，与老婆聊到下半辈子应该怎么做。田建军认为，应该匍匐在地，为员工的成长与幸福工程奋斗终生；要为客户的满意与服务工程奋斗终生，为员工提供一个很好的平台、一份很好的教育，让他们能真正在“琴美”插上翅膀，拥有一技之长，能真正服务社会。“我们一定要为客户提供优质的服务环境和质量、效果好的产品，以贴心的服务来回报客户，做成健康的企业。不管怎样，跟上国家发展形势，对于我们这行业，健康中国成为国家战略，只有企业健康，我们才有好的项目和服务去让顾客健康。最后，我们一定要做到让社会认同，无论企业大与小，一定要被社会认同。每个收银台上都有承诺：‘十怕十诺’。服务热情，价格亲民，阳光透明，只有这样深耕美业，企业才能走得更远。”

田建军发自内心的初心与梦想，老板娘深表赞同。在萧山人眼里，他们就像“红色资本家”，身体力行，践行社会主流价值观。

琴美公司这些年来，技能提升了一大步，这与吉正龙对他们的帮助不无关联。夫妻俩的专业知识、实操能力在行业内有目共睹。

有一天，田建军与我聊起美发的前世今生，如烟往事历历在目，而我们着重聊到改革发展之后的新变化。

以前的发型比较单纯，流行迭代的速度也比较慢。自媒体兴起后，发型变化速度加快了。发型的变化实际上是与流行趋势有关系的。欧美有流行发型，日韩也有流行发型，中国也有自己的流行发型。以前比较流行的是长波浪、盘发，国外是做不了的。但最近几年这些发型比较少了，除非在表演或者某些特殊场合中才出现，现在需要更接近大众的审美观，烟火气更重。

随着发型从传统到新颖的变化，现在客户的需求变得简单，随意性比较大。比如说丸子头特意留几根头发下来，在以前看是非常乱的，现在却很流行，电视剧《狂飙》里的“大嫂头”，也是被大众追捧得不得了的。

在工具上，以前是吹风机之类的传统工具，现在的电子产品多了，大都用电棒。因为电棒速度更快，灵活性更大，电吹风解决不了的问题，它都能解决。还有烫发水，过去卷杠时气味很重，工具还是木头做的，双手一整天都沾着药水，手就会被药水烧伤。现在的染发、烫发产品变得健康科学，卷好杠以后再涂药水，药水也不会沾在手上，更不伤发质。

新时代，新潮流，意味着美业与时俱进，包括门店装修和美发用具等硬件都比过去有进步。其次是从业者的素质得到了很大的提升，剪头发是百姓生活刚需，整个行业也是随着百姓的生活条件改变而率先发生改变的。“琴美”以客户需求为先，不断学习。和萧山的大部分企业一样，“琴美”可能规模不大，但能做到有公德心、懂技术、做技术。“琴美”的口号是“匠心创造生活”，它不仅是一种技术，更是为客户提供优质服务的精神。这不单单体现在技术上、经营上、服务上，而是更多地体现在员工素质的提升，包括理解力、创新意识不断得到提高。田建军一以贯之地教育员工：要先把人做好，再把技术练好，客户就会对你产生信赖。在琴美公司，员工之间组成家庭的有很多，30 多年来，离婚的甚少。员工之间打扑克、玩游戏是明令禁止的。

1988 年，田建军夫妇在萧山开店，陈琴美去杭州市参加一个美发的晚宴发型比赛，拿到亚军。那时候，田建军一直专注于小店的经营，只是简单地参加比赛。

1995 年起，各地的美容美发协会相继成立。他俩与外界同行的交流也密切起来，参加了很多会议。

1999 年，陈琴美参加了亚洲发型化妆大赛中国选拔赛。由于第一次参赛没经验，获得第七名，选拔名额只有 6 个，因为其中一人意外退出，她有了替补参赛的机会。她非常珍惜这次参赛机会，刻苦钻研，她参赛的发型、化妆设计、服装都是由中国美容教母郑明明老师、陈香美设计的，那次比赛，她拿到了冠军。

向来好胜心很强的田建军，绝不能落后于妻子，他认为如果没有拿到过奖项是很大的遗憾，于是，他拜吉正龙为师，参加全国发型化妆大赛。吉正龙是中国金牌教练，在他的精心指导下，田建军技能长进飞快，每天对标世赛要求刻苦训练。

田建军回忆道，在师父吉正龙的指导下，自己参加的全国发型化妆大赛，命题项目是一款公仔头规定发型，他获得了亚军。在真人模特项目上，他获得了冠军，总分全场最高，最终获得了 2000 年中国美容美发全国发型化妆大赛总冠军。

业务上，田建军对美发技术的疯狂追求一直没有停止，后来他还受聘担任第 43、44、45、46 届世界技能大赛的裁判员。

2018 年，田建军带领“琴美”公司的美容、美发员工王玉珍和徐卫锋参加全国职工技能大赛，他俩分别获得美容、美发全场总冠军，被评为“全国技术能手”，还被列入杭州市 C 类人才。

如今的田建军，既是国家职业技能鉴定高级评考员，也是国家技能竞赛裁判员。回看过去几十年，他的迅速成长，与他当初拜师学艺有很大的关系。田建军拜吉正龙为师后，不断开拓国际化视野，不断消化吸收美业专业理论体系；同时，国内理发师培养体系也发生明显变化，国家开始重视美业人的成长，大力提倡“工匠精神”，内因和外因的共同作用，为他今后的成长加入了引擎。

2000 年初，田建军他们刚开始参加考评的时候，只是按照一款多发的要求，主要是考技能手艺。但现在完全不一样了，主要是综合能力的考核。因此，在技术标准上，田建军把圣迪斯哥美容国际标准引入企业，因为世界技能大赛美容项目所有的标准都是由圣迪斯哥国际组织提供的。此时的他已作为杭州技师协会理事，开始参与杭州范围内国家人才库的考核编纂。

13 年前，田建军和妻子看到湖南卫视公益节目，节目中一个志愿者老师带着十几个孩子，在一间快被拆掉的房子中读书。他俩看得很难过，第二天，他就与公司的两位副总说：“我们是不是该出点力去帮助他们?”

只知道，公益节目是湖南卫视拍摄的，其他什么信息也没有，于是，吉正龙直接飞往长沙，找到湖南卫视，通过湖南卫视负责人的介绍，找到了这个公益节目的主办方湖南青基会。青基会对他们说：“千丘田小学需要7万元，万里小学需要28万元，一共是35万元。”

田建军愣了一下。作为一个小微企业，一下子要拿出35万元现金并不是件容易的事情，但最终他还是咬牙拿了出来，临走时提出一个条件：我们既然捐了钱，就不会撒手不管，我们每学期都要跟进学校的建设情况。

他的性格用地方话说是一个“藏得牢”的性格，只要认为是对的事，就要坚持去干。

从那时起，田建军开始关注这两所学校的建设。千丘田小学由于交通不便，很多事情无法深入，他们去学校要乘坐公交车，还得再转两三个小时的拖拉机才能到达。经过大家的共同努力，万里小学现在已经成为当地有名气的实验小学。

田建军每年都会带旗下员工和两期助学金，参加学校下半年的开学典礼。学校里有一些家境贫困但成绩优异的学生，都会得到琴美公司资助的奖学金。

田建军很关心孩子们的餐食，着手对食堂进行了改造，还给教室配备了投影设施，增加了体育设施和课桌椅，为校园装上了监控设备。学校有300名学生，由于条件差，留住老师不易，恰好学校有一块空地，校方想建一幢教师宿舍。

“大概还需多少钱啊?”田建军直截了当地问学校负责人。

“8 万元。”

田建军当场决定自己拿出来，自己节省点也要把教师宿舍造起来，后来没想到教舍工程总共花了 50 多万元，2019 年，田建军去看了，效果很好，他很是满意。

G20 杭州峰会期间，田建军他们去学校探望，离开时，他发现有很多贫困孩子用非常羡慕的眼光看着他们。于是，他和校长做了一期“变形记”，正好湖南卫视的《变形记》节目也是青基会出的方案。他找了几个员工和客户的孩子与那边的农村孩子结对，把那边的孩子接到萧山，由几个老师带着组织了一个夏令营，希望让孩子们看看外面的世界和城市的生活，激发他们努力学习、改变未来。

田建军经常在微信朋友圈中发一些做公益的信息，平常日子里，慈善公益机构和妇联、社区等，只要来联系他，他都会积极响应。

一次，萧山康复中心的一位护士长来门店理发，她问，琴美企业经常外出公益剪发，能否也帮他们康复中心的病人剪剪头发？田建军去考察后才知道那边的孩子、老人真的很可怜。一对 21 岁的双胞胎，长得很清秀，却只有两三岁的智商。康复中心由政府出资支持，请了一批老师帮他们做康复。他向院长表达了琴美非常愿意每个月来为病人义剪的想法。院长本以为田建军只是为了做企业宣传，便说，你们要来就来吧，但来一次就可以了。田建军理解他的意思，便告诉他：“琴美每个月都会过来，而且我们不会喝康复中心一口水，不吃康复中心一口饭，我们员工起早过来，10点之后回去。我也是萧山人，这159个孩子、老人，我看了很心痛。我们是真心来帮助你们的。”以前，这些病人都是由护工阿姨剪发，而阿姨剪得很粗糙，哪边长就剪哪边。“因为他们每天要对着镜子照，训练自己微笑。如果顶着乱糟糟的发型去照镜子，看到自己头发凌乱的样子，还会有进步吗？所以我们每次出去做义剪的员工，都是门店里顶尖的造型师。这些病人可能有各种各样的病症，但是我们也要让他们拥有最美丽的形象。这个义剪活动到现在已经坚持两年多了。”田建军表示，他们会一直坚持下去的。

萧山以前是个县，后来改为萧山市，眼下又划为杭州市管辖的萧山区，田建军是西兴人，原属于萧山县，生于斯长于斯。萧山在钱塘江南面，杭州主城区在钱塘江北面。过去常说钱塘江有两只眼睛，一只眼睛是西湖，已经睁开了，还有一只眼睛是湘湖，还未开发。这几年，湘湖已经睁开眼，这里拥有8000年跨湖桥文化，值得萧山人骄傲。琴美的精神正是承继了钱塘江精神，而钱塘江精神就是围垦精神——围垦人民“勇战狂潮、艰苦拼搏、团结奋斗、无私奉献”。想当年，这附近是江边，那时候科技不先进，所有现在生活的地域都是靠人力填出的。萧山有一条大寨河，现称北塘河，田建军就曾参与修建开挖过。

田建军是萧山经济社会发展的见证者。20世纪80年代，很多萧山人喜欢吃酱爆鸡壳，因为鸡肉买不起，鸡壳会便宜一些，这就算吃得很好了。再看现在的环境，不只是城市有了极大的发展，人民的生活水平和文化素养也都有了很大的提高。因此，他在那封家书中说，琴美赶上了改革开放的春风。40 年的沧桑变迁，美容美发行业最能清楚地感受这个城市的进步脉络，不单单是美发价格、工具和店铺环境的变化，在文化、公司与客户之间的连接方面也在发生改变。以前顾客来剪发的时候会问："价格多少？有什么优惠？"现在很少有人问这些问题了，只要价格合理，提供高质量的服务，自然会有客人光顾。从以前的讨价还价，到现在的追求性价比，美业的经营理念以及大众对美的追求，都已悄然发生改变。

如今，田建军思考得更远更深。他明白，自己的公司虽是小企业，但可以做大文章，因为美容美发这个行业是直接关系日常民生的行业。

"以前人们常说美颜、美身，现在更重要的是美心、美德。我们的员工就要做有品德的人，匠人匠心，把服务场所变成品质店，最后企业要变成品牌企业。"田建军如是说。

"琴美"于 2018 年起开始设定短期、中期、长期发展目标。田建军认为，身在中国，自己必须要与国家的发展同频共振。享受到国家改革开放带来的红利的同时，也要思考拿什么奉献给我们的行业，拿什么奉献给国家。

他们是这么说的，也是这么做的。疫情封控期间，他们同样遭受了较大损失，但他们不给国家添麻烦，不要政府补贴一分钱，艰苦奋斗，捋起袖子加油干。

田建军夫妻的很多朋友一直动员他们一家移民，还有朋友特地带他俩到加拿大观光、实地考察。他俩都婉言拒绝了，他们说这辈子都不会移民的，因为他们对萧山有感情，他们的门店也在这里，夫妻俩要把“琴美”做成百年门店、杭州的一张名片，让“琴美”能以服务更多的人为荣。

田建军对我说，人生前半场是做企业，后半场要做教育。教育他的员工，掌握“心能、技能和职能”。让这三个“能”，为“琴美”的员工插上理想的翅膀，去服务更多的人。

眼下的“琴美”有更大的抱负与愿景，那就是“百千万”工程：“百”就是帮助100个以上的贫困孩子，“千”是帮助1000个员工创业，“万”是帮助员工、客户建设万家幸福家庭。

田建军作为吉正龙的大弟子，在专业能力、思想素养上对自己要求极高。爱人陈琴美连任三届萧山区政协委员，之后把参政议政接力棒交给了田建军，他也做了三届政协委员，做得依然有模有样。

参政议政方面，委员夫妻档，有眼光、有思想、有担当，也有接地气的提案建议。他俩立足本职岗位，积极建言献策，共提交7份提案，其中有关提升萧山技能人才发展的建议，夫妻委员提了8年，终获成功。

正如田建军在区政协一次发言中谈的那样：履行委员职责，就要有这样水滴石穿的精神，锲而不舍，始终坚持。

吉正龙说起大弟子田建军也很自豪：“他们夫妻老婆店开了30多年，分店开了13家，办了琴美职业培训学校，这几年，始终在萧山，从不过钱塘江。凭他们的经济实力，完全可以过江开店，但他们始终立足萧山，心里装着萧山人。作为一个私营业主，处处讲政治，坚持长期主义，专注主业，拥有长期战略眼光，所以琴美‘百年门店’的愿景肯定可以实现。”

# 第十一章
# 扬州非遗守护人

赵兵，江苏省扬州天姿美容美发有限公司创始人，江苏省非物质文化遗产之扬州理发刀的传承人。

他挺忙，在办公室找不到他影子，不是开会、做规划就是下去巡店，隔三岔五去瘦西湖路上的扬州理发博物馆做义务讲解。

拨通了他的手机，他留言：此时正在扬州理发博物馆。我与吉老师赶到时，见他正在给考察扬州营商环境的一个外省企业家代表团做讲解。应考察团提出的想法，市政府特意增加了参访内容。

我站在一旁，仔细听赵兵绘声绘色的介绍。

扬州是中国美发之乡，扬州三把刀，倘说脚刀雕足，管下三路；厨刀美腹，管中三路；独理发刀，无疑是管上三路了。

这里的理发刀，自然是美发美容技艺的行业代称。

捏肩、推拿、敲背、按摩、舒筋……扬州理发师的“绝技”包罗万象，一个剃头匠，半个巧郎中，有的理发师，练就高超推拿技术，能“手法疗伤”，是中医骨伤科的分支。

扬州是地地道道的理发王国！参访团一成员说道。

“对，真是这样。”赵兵向他传递赞许的眼神。

赵兵边走边介绍，迎面楹联一副：“操天下头等大事，做人间顶上功夫。”万序之起数，都以“首先”“开头”冠之。

而头之上是发，头之前则为面了，每个人重要的就是一张脸面，讲面子是自尊，好面子是自卑。识人先看相，上台先亮相，脸面等于人的活招牌，所以美发、美容以其尊而奉为顶上，乃天造地设。

扬州人常说绝者，指艺绝，手艺做到了极致。扬州美发历史久、品位高、蕴含深、功夫精，顶上功夫可谓称霸发林。

能与“东扬”颉颃者，唯有南粤、西鄂、北辽，故合称为中国四大流派。

赵兵介绍起来如数家珍，旁听者听得津津有味。

冰冻三尺，非一日之寒。历经长达千年的悠久积累，扬州剃刀终于创出怀里顺刀、外口推刀、拗腕反刀、斜刺挖刀、向上挑刀等五大刀法。修面时，只见刀锋顺序在上唇、下巴、两颊、额头、眉档、鼻翼、耳轮上下翻飞；若遇年轻人，刀锋一摆，汗毛飞跑；若遇棘手难光的胡须，一是旋涡性的，二是溜韧性的，三是老年性的（缺少脂肪，皮囊下挂），他们又相应衍生出滚刀、削刀、雪花刀、柳条刀、凤尾刀等十多种刀法，如描龙绣凤，轻不虚飘，重不伤脸，照样七十二刀半搞定！昔日，苏北农学院有一位美籍教授，他那浓密大胡子的顽强，连“吉列”刀片也每战必败。后寻到扬州理发刀才服服帖帖，剃罢收

吉正龙徒弟、扬州理发刀非遗传承人赵兵为参观者做讲解

刀，大镜中，反映的是一张光鲜鲜的惊喜面孔！此后，他每隔三天，必去紫罗兰发厅。临回国前，他特地赶去致谢，恋恋不舍地对理发师说："再见啦！离开扬州理发刀，我的大胡子会不高兴！"幽默风趣。

最显功夫的，要数剃光头。

眼下社会上剃光头的顾客不少，一般理发店这种技能很吃功夫，老字号美发厅技术一流，差不多都是从扬州师傅那里学来的手艺。扬州发刀剃得光净平滑，从不含糊，闻名遐迩。传说，这可惹恼了民初一位少林武僧，他不服扬州理发一品刀的威名，遂南下维扬，单挑发师比"刀"！他先亮开招式，抡舞戒刀，只见劈砍撩挂、虎虎生风，武功煞是了得！然后收刀入鞘，傲慢地让发师给他剃头，而他早将真气运于头顶，短短茬发，根根坚韧，显然，这是一场挑衅！好个扬州理发师，毫不在意，先用温水把和尚头洗湿揉透，涂上胰沫；后又抽出剃刀，以闪电速度，"嚓嚓嚓"三刀，开山门，露戒疤！然后下头口刀，从发际螺旋处顺发飞剃；二口刀逆方向倒剃；虫口刀找细；最后以棉花拖头，检验有无掐丝。完工收式，只见从刀口甩下地面的皂沫，恰成一朵"四海无同类，维扬一枝花"的琼花！和尚惊讶无语，正待认输，忽然摸出脑门中仍有余发一根，不由得哧哧冷笑！发师不慌不忙，随手不经意儿地甩出剃刀，剃刀飞转，直奔和尚头顶，"呼"地齐齐将那根余发斩去，又转回发师手中！发师轻轻将刃口发末吹去，淡淡一笑。武僧大惊失色，心诚气服道："扬州剃头刀数一品，名不虚传！"遂与发师成莫逆之交，互传技艺。所以，民国年间的扬州理发师，有不少便是武林的拳家里手。

听到，看到，想到，在我的脑海里走了一遍。

陪同我一起前往的吉正龙，谈起他的徒弟赵兵，不由得眉飞色舞，侃侃而谈。

“赵兵人很实在，对技术精益求精。开店35年，有他的魅力之处，团队建设得好，注重文化自信，企业不断壮大，一家公司开了30多家门店，企业从创业起步，一步一步走到如今状态，与他的热爱、专注、坚持不无关系。

“人的一生中，做专业，踏实认真做好，做到别人抢不走的地步，那是厉害的，也是真正的本事。

“学习，学习，再学习，如海绵般不停地吸收文化养料，精准施策，压力面前不动摇，否则，企业走不到如此远，早就散伙了。

“美业人，手中有技术，好好干，理发作为非物质文化遗产，全国没有，江苏省级就他一个，继承与创新，在保护理发传统文化遗产方面，用尽力气，成为优秀守护人。”

吉正龙向我聊了赵兵那些年，那些事。

做好扬州理发非遗守护者，不容易啊，做非遗材料收集，接待省内外访客，组织相关论坛，撰写非遗论文……

事事平平淡淡，蕴藏了他对非遗的执着追求。

接待任务完成，送走参访团，赵兵立马三步并成两步笑着走了进来。

第二次见到他，给我的印象是阳光奔放、有活力，言语间带着浓浓的扬州方言，一下子拉近了理发刀与非遗传承的时空距离。

聊了不多会儿，他请我们看一部片子，那是扬州电视台采制的文化片，央视四套《远方的家》曾经播出。

春风十里，古都风韵，带人们走进神奇的理发王国，画面感很强，令人心旷神怡。

通过剪接，播放他与主持人对白。

【解说】 说起扬州，莫不会想到扬州三把刀：一把厨刀，一把修脚刀，一把理发刀。而我们今天要讲的，就是关于理发刀的故事。

【解说】 眼前这位认真看书的先生，浑身透露着一股文人的气质，如果是不相识的人，一定以为他是位教书先生，虽然相差不远，却意义不同，他，是扬州三把刀——理发刀的传承人，赵兵。

【解说】 变革，升级，融合，是当代各个行业的主题，赵兵所在的理发业，也在这条路上孜孜求索着。

【提问】 我看到您理发店的员工们定期地会有文化课，对于以技艺为核心的理发行业，您做这一点的意义是什么？

【赵兵】 这个要从我 2007 年去韩国访问交流说起了，我们的传统理发技艺已经很精湛了，那是什么制约了传统理发业的发展呢？在访问交流中我寻到了答案，这也是我设立文化课的原因。

【解说】 2007 年，作为扬州三把刀新生力量的代表人物，赵兵受韩国美发界邀请赴韩国进行交流访问。就是这次短暂的访问，让赵兵感受最深的就是韩国美发人员的综合素质。

【情景还原】 访问交流期间，一天，赵兵独自走进一家大型理发店，想亲身感受一下韩国美发水平，但前台告知已经客满。正当他准备转身离开之际，前台小姐主动帮他联系了有空位的其他分店，不但介绍他过去，还主动出去拦下出租车。

【解说】 这件小事让赵兵触动很大，如果事情发生在他的店里，可能就失去了这位顾客。

【解说】 经过一番研究，终于让赵兵找到了韩国美发领先亚洲的奥秘，原来韩国人从事理发业还要经历大学的磨炼。从韩国访问交流回来，赵兵就忙着和扬州大学联系，邀请扬大的老师定期到自己的理发店里给员工们开设文化课程。

【赵兵】 在中韩理发技术差距很小时，理发师的自身素质、对发型的理解自然成了拉开双方距离的关键。我走访过很多国家，感觉扬州的理发水平完全不逊色于它们。

【解说】 如今，理发店的员工们不仅学习理发技巧，还学习其他知识，如，在电脑上设计发型，理发水和护理液的研发，甚至团队精神及现代经营理念的学习，在这里，培养的是复合型理发人才。

【徒弟】 师父不仅传授了我们技艺，同时也将文化传承给了我们，有了文化，我们才能更好地接受传承，并加以创新。

【解说】“扬州三把刀”的文化，是一本读不完的百科全书，是一幅看不完的民俗风情画卷。而赵兵这样的手工艺匠人们，是书写者，是描绘者，用心传承，敢于创新，将它打造成一张永远熠熠发光的扬州城市名片。

赵兵入行 38 载，能成为扬州非遗文化传承人，江苏省文化厅用了 4 年时间反复考评确定。

他的家族是纯粹理发世家，外公在上海做理发，一路北漂到达沈阳，在沈阳是响当当的理发大师。外公的妹夫在香港九龙开发廊，家族的理发背景，使赵兵从小耳濡目染，受益匪浅。

他在香港见习 3 个月，眼界大开。

第一次看见顾客洗头，围脖子布，躺着洗，而国内顾客笔直直地坐着凳子，低着头洗，原始得不得了。

赵兵坦言，古老的扬州美发技术，必须在传承中创新。“过去我帮客人做新娘妆发，只能做些生活类，上不了档次，美发境界提不上去，更不要说出去比赛了。”他认为，美发潮流日新月异，如何与世界接轨，如何打造顶流时尚发型，艺术感至关重要。仅仅只是图片发过来，复制、做成一模一样，仍觉不解渴。

自拜了吉正龙为师，赵兵犹如久旱逢见甘霖，他接收到最前沿的美发趋势情报，个人技能突飞猛进，更加感觉美发是另一个世界：五光十色，博大精深，兼具城镇化与烟火气。

2021年底，在吉正龙的指导下，赵兵过五关斩六将，获得全国职业技能大赛美发项目全能亚军，获得“全国技术能手”称号。

随着参加行业各项比赛的增多，赵兵积累了丰富的比赛经验与实操技能，尤其是把师父传授的理论与实践归纳消化，转化为公司门店的日常技术，提高了整体性技能水平，并与世界大赛的规则与流程接轨。

创造性发展、创新性转化，成为赵兵引领公司发展的亮丽底色。

他介绍道：“比如做颜色，头皮上全是染发膏，扣0.25分，局部染，女性发际线前面、鬓角出现染色，属漏染，也叫漏相。”

作为非遗传承人，他时时刻刻感觉使命光荣，任务艰巨，守正与创新两大命题，激励他勇往直前，演绎高质量时代美学。

这两年，赵兵连续推出多款时尚发型，类似电视剧《狂飙》“大嫂头”，在他看来，这是一趟从过往到现在、从故事到美学、从欣赏到内在的全新旅程。

说起吉老师对他的帮助，赵兵激动地说：“师父的手太神奇了，做个女性发包，一练就出来，神话一般。”他对吉正龙佩服得五体投地。

他不断地学师傅的灵感、手势，领悟其境界。

“师父从苦难中走出，胸怀大志，脚踏实地，在满世界金钱诱惑的年代里，始终守初心。他自己开店生意红火，却放弃自己的家业，开办职业教育，千方百计培养一批批优秀美发师在国内及世界大赛争金夺银，为国家争光，为青年一代成长，这是何等的境界！他做出的成绩，从未被超越，成了美好的佳话。倘若是我，开了自己的公司，积累了一定的财富资本，却让几十年的心血付诸东流，这一点我根本做不到，也从未想过。相比之下，我显得渺小。”

聊着聊着，天色逐渐暗淡，走出扬州理发博物馆，路灯下，宁静而富有诗意。没走几步，见到扬州厨刀博物馆，我对赵兵说，曾在20多年前来过扬州，写过一篇短文，后来发表在散文杂志上。

他好奇地问：“朱老师，您这篇文章还在吗？”

“还在，回上海后发给你。”

时隔不久的深秋时分，带着上百号人马，浩浩荡荡地在扬州疯了一把，记忆最深的要数扬州的早茶了。扬州和广东的早茶名扬天下，但各具风格，最显著的区别在于广东的早茶，从早晨6时可以从容不迫地吃到10时半，简直是在磨洋工。而扬州人把早茶戏称为“皮包水”。几乎扬州本土的人都把它看成经常要做的一道功课，一般待在茶室里的时间一两个小时，俗话说：看过程而不重结果。

不同于纯粹喝茶的江南茶楼，扬州的早茶则丰富得奢侈，茶仅仅是一个符号，或者说是借口更宽泛的维扬点心，点心以细腻、精致为佳，以干点为主，蟹黄包、千层油糕、春卷、三丁包、干菜包、翡翠烧卖、叉烧包、豆沙包、蝴蝶蒸饺……层出不穷。水晶包里面的馅抱紧成团，咬得出弹性。让我流口水的是透明的汤包，要用吸管来吸，味道鲜美可口。半透明的蔬菜包子，隐隐约约的绿，像初春的江南田野。没有面条怎么行，欣然要了碗面，鸡蛋揉面，特别滑爽，有韧劲，撩起上下跳，入口弹牙齿，真好玩。

早茶中的小菜，以大荤为主，扬州干丝、清蒸蟹粉狮子头、将军过桥、香菇拌粉丝、扬州酱菜、清拌黄瓜、凤爪，林林总总，让人眼花缭乱。再回过头来看看我们上海的早点心，寒酸透顶，煮点泡饭，吃点隔夜吃剩下来的菜，或者路上买两个包子打发了。奢侈点的，大饼油条加豆浆，搞一个鸡蛋；洋派点的牛奶、面包里加一份黄油和奶酪，实在缺少想象力。

吃早点就是吃时间的滋味，你必须有这份优哉游哉的闲情。扬州最为著名的要数富春茶社。当年乾隆皇帝曾在此小酌，留下"维扬细点，天下一绝"的赞誉。有次应朋友约，来此享用，一张八仙桌上，邻座的是两位上了年纪的当地老先生，一个戴着深度近视眼镜的先生点完菜后，从口袋中摸出一只大信封，把信封内的茶叶倒入杯内，泡上开水，一会儿茶香扑鼻而来，随后他向另一位年龄偏大的老先生恭敬地递上一支烟，用地道的扬州话交流起来。这时，才得知这两位都是当地的退休教书先生，等几道菜上齐后，只见两位老先生边吃边谈，春风得意，那吃得津津有味的感觉让同桌的食客们足足地吊起胃口。“近视眼”先生告诉我，有钱的人往往在有名气的茶室里吃早茶，而工资低的人，则在简陋的地方喝早茶，同样一大盘大煮干丝，在富春百年老店要卖30元钱，而小地方只要花六七元钱就能吃上了。在这些富丽堂皇或简易的茶楼里，喝茶、看报、会友、聊天、发呆、想心思、谈生意，里里外外，人声鼎沸，这是一种历史，也是种延续百年的古老文化，并不是在哪里都可以移植的。是的，在北京的全聚德，人潮涌动，走了一桌又来一桌，有时在店外要排上几个钟头，而在上海淮海路开分店，一天光顾的客人明显少于北京全聚德。

早茶是扬州一张独特的名片，是古城的特征，比牛虻脸上的疤痕还要刻骨铭心。

“意味深长！”他回信说。

我漏了一句：相比之下，理发刀，更让我怦然心动。

# 第十二章
# 山里娃争当魔都弄潮儿

江西省抚州市，古称临川，原是中央苏区，还是北宋大思想家、文学家王安石的故乡，素有“才子之乡”美誉。

2021 年 12 月 25 日，2021 全国行业职业技能竞赛——第二届全国美发美容行业职业技能竞赛在此举办。这个位于赣东南、拥有 1700 多年历史的地级市沸腾了，城市主要街道都披上了节日盛装，江西老表在家门口，迎来了一场全国专业性比赛。

这是一场充满艺术性的技艺比拼。比赛现场云集了数百位发型师、国际评委、潮流明星与时尚达人。会场外，寒风刺骨，会场内，气氛热烈，全国各赛区脱颖而出的二十强选手在此展开激烈角逐，同时为观众带来了一场视觉与时尚的盛宴。

这是场庄重而激烈的顶尖对决，参赛选手不仅需要展现专业且全面的美发知识，精湛的烫染造型技术和修剪技巧，更要表现对“轻时尚”的深层理解，展示互联网美发的新科技、新创意、新技术。

激动人心的时刻来到了。当大赛主持人最终宣布“冠军——陈平”时，陈平热泪盈眶。当他把奖杯捧在手里时，全场沸腾了，掌声雷动。此时的他，看向了台下教练席上坐着的恩师吉正龙，内心充满了感激：吉老师为他爬坡登顶付出了太多的心血。

人们都很好奇，这位唯一代表上海参赛的陈平是谁？这位人社部认定的“全国技术能手”，有着怎样的经历？

1982 年出生的陈平是“新上海人”，20 多年来，他在闵行这块土地上恋爱、结婚、生子、创业，而他在浙江丽水庆元的老家，只生活了 15 年。

陈平的老家在一个山沟沟里，他的家，是穷村庄里的穷困户。穷，不耽误生儿育女，他的父亲，17 岁就生下陈平；23 岁，已是三个孩子的爹。早婚早育，对日子过得本就捉襟见肘的陈家来说更是雪上加霜。尽管家里很穷，但父母还是四处借钱，坚持供陈平读书。

父母的含辛茹苦，陈平看在眼里。读到初二，他毅然辍学，15 岁的小男子汉挥泪告别父母，只身一人奔赴温州。

在一家老板比较贪心的工厂，陈平多次累得昏厥；后来，他去摆地摊，去早餐店帮工……母亲对他说：“你还是学一门手艺吧。”学手艺？陈平想到了理发。18 岁那年，他来到宁波一家理发店“学手艺”，整整 8 个月，他的工作就是为顾客洗头。

但不管怎么说，他还是“偷学”了一些手艺；省吃俭用，还有了几千元的积蓄。有了这点底气，陈平立即奔赴大上海，到上海闵行区梅陇镇的美发厅求职。海纳百川的上海，接纳了这个眼勤手勤腿勤的小伙子，但陈平的志向绝不止于此。

全国技术能手陈平兔年新春二月二（龙抬头）为顾客剪发

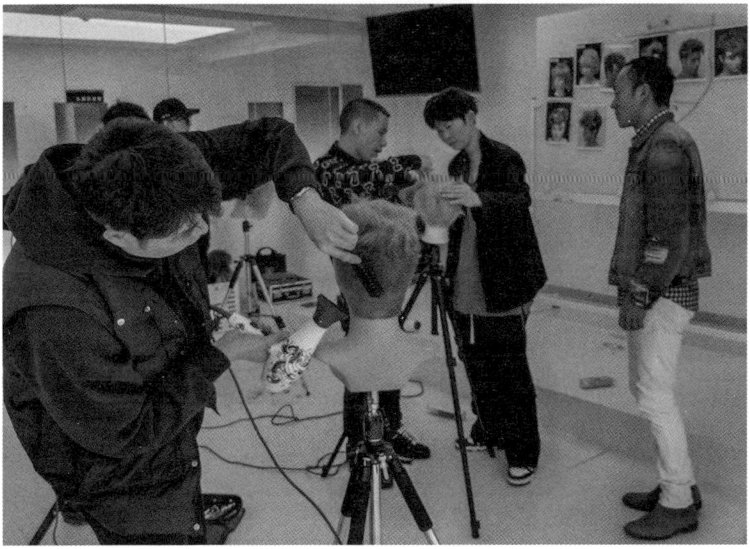

陈平指导选手代表上海参加2022年全国美发美容行业职业技能竞赛

打造时尚之都上海品牌，体现城市让生活更美好

心有多大，舞台就有多宽。陈平将赚的钱都用在了“充电”上，他参加行业举办的各种培训班，全面了解和琢磨美发的技艺技巧。

终于，他有了自己开店的勇气。他的第一家店，开在梅陇南方商城的5楼。现在，这家开了10年的店，是潘多拉美发公司的总店，从这里，孵化出了80多家分店，除了上海，还开到了南京、杭州、天津、昆明、洛阳、安阳等地。

遵循“以技赢客，以诚为本”的理念，陈平的理发店不搞任何营销噱头，不推销任何“优惠卡”，只追求顾客的满意。陈平快人快语：“离开了顾客的‘满意’，其他都是扯淡。美发的本质，就是认真负责地把每一位顾客的头发剪好。”除了价格的公开公平，顾客回家后，15天内感觉发型不满意的，可以再来店里“无理由免费调整”。

陈平说，我们要不断创造让美发师可以发光发亮的平台，助力年轻人的发展。如果我们的技术得不到提升，手艺得不到沉淀，就无法满足客户不断变化的个性化需求。

于是，陈平不失时机地对美发师进行业务培训，不但请来了国内的大师，还请来日本的美发造型师，他们展示的“美发轻时尚”，打开了“潘多拉”的视野。大家感受到：轻时尚，不是轻视时尚，是轻松时尚，轻松生活。顾客来这里，追求的是“愉快的轻松”，而对美发师来说，女士商业剪发、染色和造型，拉起发片，每一剪都要稳而准，按照节奏调色、试色、染发，观察颜色是否杂乱，过渡是否均匀，从造型美感、发尾线条、流动性等多个维度，做好每一个细节。

功夫不负有心人。

互联网时代非凡的传播力大显神威，朋友圈、单位群、大众点评网等对“潘多拉”的赞誉，使梅陇总店的顾客爆满。生意火了，不得不延长营业时间，有时甚至当最后一位顾客离开时，已到凌晨 3 点。

陈平想到了“复制”。美发师可以复制，理发技艺可以复制，理发店也可以复制。他试探着在徐家汇“复制”了一家“潘多拉”，没想到在口口相传之下，该店生意同样火爆。于是，滚雪球般的“复制”从五角场、八佰伴、上海中心，向全市滚动，67 家“潘多拉”亮丽登场。

相继扩展这么多的店，哪来的钱？“潘多拉”的股份制发挥了“众筹”的力量。不靠“卖卡”筹钱，陈平说，树立了好的口碑，从 20 岁到 80 岁，一个顾客会一辈子在“潘多拉”消费，这是取之不尽的资金源泉，也是我们发展的总方向。

正因为看到了公司“可靠的前景”，“潘多拉”800 多名员工，一半以上入股“做老板”。陈平说，我们走在社会主义康庄大道上，走的是共同富裕之路。我们每个员工都和我当年一样，有“自己开店”的梦想；让他们开店，是落在实处的“中国梦”——美好的愿景触手可及，但需要辛勤劳动。

繁华的大上海，车水马龙，人来人往，到了夜晚，华灯初上，城市五光十色。陈平与同事合住在离市中心区域不远的老式新村，他对上海再熟悉不过了，徐家汇大教堂圣诗声声，过街楼下的麻将老人，弄堂里的足球少年，群众小剧场的沪剧、滑稽戏，老饭店里的本帮菜，红房子的法国大菜，衡山路的酒吧……这些都没有让他着迷，而让他痴迷的还是美发。

2019 年初春，经他的宁波启蒙师傅王品珍介绍，陈平结识了金牌教练、世界技能大赛中国美发项目组组长吉正龙，并拜他为师，从此，他的人生走上了新赛道。

陈平数月披星戴月，系统地学习吉大师传授的世界技能大赛的技术标准和比赛标准。

“陈平，这个晚妆应该这样起手。”

“发际线略高了。”吉正龙手把手教他。

“嗯嗯，师父。”陈平全神贯注。

“你今天这个发包做得漂亮。”吉正龙的表扬总让陈平心花怒放。

集训期间，吉正龙除了大部分时间辅导他做模头，空闲下来，还会关注他店里的经营管理情况，经常与他促膝谈心，提醒他美发从业者目前总体的文化水平不高，鼓励他加强对职工的政治、文化培训，理解工匠精神的真正内涵。吉正龙告诫陈平，做企业必须把握国家主流价值观，关心职工收入，坚定全心全意为人民服务的信念。几个月的培训，让陈平无论是技艺水平还是思想境界，都提升了一大截。

2021 年 11 月底的一天，成都平原的天气分外明朗，趁着参加国赛高强度训练结束，吉正龙特意带陈平驱车一个多小时，来到市区一家专做美容美发的“美丽一生”公司参观。参观中，吉正龙指着公司党工阵地，认真对他说：“这家公司注重政治思想引领，专门请了个退休老同志做指导员，他之前曾在机关工作，有社会资源，做这类事得心应手，目前职工队伍稳定，公司业绩也做出来了。你在大上海发展，应该要学学这些好做法。”

陈平听言，不时点头。

吉正龙见他情绪不是很饱满，追问一句：“怎么样？”

“明白了，师父。”声音高了。

吉正龙看了他一眼，拍了拍他肩膀，点一下头，笑了笑，也没出声。

两人径直走出走廊。

从成都返沪后，陈平把吉正龙传授的技艺马不停蹄地在店里传授推广，对标国家技能培训大纲及世界技能标准，公司挑选了 18 位优秀员工为梯队人选，将世界技能大赛的技术标准和比赛要求，贯彻到各门店……

公司管理上更加规范，依据网络技术，所有门店的财务报表都公开，员工的绩效奖金、工资，包括公司购买一瓶矿泉水、一包纸巾，员工都能一目了然，按时股份分红，充分体现透明公平公正。

出征江西全国比赛之前，公司筹备成立工会组织，特地请来了市总工会劳模讲师团导师指导工作，这位导师之前是世界 500 强企业专职党委书记，见面一聊，相谈甚欢，陈平立马兴奋起来，他想起参观成都“美丽医生”时师父的叮嘱，眼前不就是个好机会吗？于是，陈平安排副总经理张省才专门对接。

这一年，上海新闻界曝光了某连锁品牌美发美容企业欺诈顾客的负面事件，美业在老百姓心中口碑较差。“树立积极向上的美业典型，也是美发人的社会责任。”陈平立即行动起来。公司在劳模导师指导下，双休日在部分区域门店推出了开工前的“微党课”。或许这是上海改革开放以来，第一家把党课搬到店堂间的民营企业。美发师们站着认真地听讲，听到的内容对他们来说异常新奇。

厉害！微党课上，年轻人不时报以热烈的掌声。

公司成立了长三角第一家美容美发行业“党章学习小组”，一个 15 人的小组，坚持每月集中学习，即便在疫情防控期间，也坚持线上学习，写下了 5 万字学习心得，《工人日报》对此进行了报道。

学习带给这些年轻人思想上的洗礼，先后有 6 位职工向党组织递交了入党申请书。

公司在新落成的总部运营中心，特地辟出 200 平方米的学习空间，建成了一个职工书屋，被评为市级职工书屋。公司还邀请了胡振球、陆忠明等十位沪上知名的劳模、工匠担任义务专家组成员，建起市劳模协会学员分会劳模工匠工作坊，并与上海工匠学院联合为潘多拉职工举办工匠研修班……

看到徒弟的这些做法，师傅吉正龙笑得合不拢嘴，他鼓励陈平要坚持并不断创新。

2023年春节，潘多拉职工风采摄影展作品入围“上海工会关心关爱职工摄影图片展”一百强优秀榜，100进50，市民投票名列全市第二，还被选登在《劳动报》上，经领导、专家评定，潘多拉最终荣获该摄影图片展银牌。获此消息，吉正龙兴奋地鼓励徒弟：“陈平啊，好好干！”

上海电视台纪实频道以严谨、求实著称，该频道拍摄了专题短片，破天荒介绍了潘多拉公司学党史、重技能的情况。此片一播出，“理发店小青年也学党史”的消息在大众层面传开了。

该片编导这样评价：潘多拉这个片子，是上视20年来第一次报道美发行业，中心领导很重视，社会反响很好，这样的托尼老师，肯定受欢迎。

吉正龙认为，潘多拉美业身处中国最大经济中心上海，“东方巴黎”大都会，区位优势独特，事关美业发展风向标，品牌影响力无可厚非。潘多拉的发展，对上海乃至中国美业意义非凡，有榜样示范作用。企业文化要与城市精神无缝对接，要体现美业人的思想境界、文化自信、技能创新，由此也会推动业绩提升，推动美发行业从业人员社会地位的提高。

一群人，一个梦，一起赢。

陈平还参加了上海交大管理学院的学习，只要知识，不要文凭，有疑问，课堂上会主动提问与教授交流，他如饥似渴的学习态度受到学员和教授的好评。教授回到北京后，还一直与陈平保持联系。

陈平在全国大赛中“专业理论”满分，是因为刻苦研学了8个月，400道理论题经常背诵到半夜。练习剪发，他剪了300个头模，装了一车子，而买一个头模要花800元。他就是一个“做到了极致的匠人”。

在吉老师的帮助下，陈平的思想境界、独特经营管理思维、团队综合执行能力跃上新的台阶，特别是在互联网上做到“人无我有，人有我精”的地步，一切以客户需求为导向，数字赋能、复制、突破，被业界称为“一怪”。

“在大上海创业，强手林立，明枪暗箭，不要怕压力大，有事多思考，知道做到。”师父的话，常在他耳边回响，成为他进步的力量。在陈平心里，恩师如父，引领他一路前行。

积极响应上海市委提出打响“时尚之都”四大品牌之一的战略决策，陈平站在新的“赶考”路上，攻城掠地，勇猛精进。

潘多拉技术创新教研室，如城市美业界一匹黑马脱颖而出，作为闵行区技能创新工作室领衔人，陈平带领他的团队，追求卓越，臻于至善，争当排头兵与先行者，荣获“上海市工人先锋号”称号。

以上海为轴心，在沪上及国内二三线城市，扩店盘活资本存量，高品质文化供给润物细无声植入城市社区空间，颜值与内涵并存，宛如一幅打开的长卷，城市又多了一份美感与流行。消费者心中，诗与远方触手可及，与中国空间站一起仰望星空、体验《流浪地球2》的黑科技、创新美业品牌无限潜力，向社会传递潘多拉国民经典品牌新势能。

追逐城市之光，技能成才，技能报国，以赛促学，以赛促教，上海师傅，鲁班店堂形成的完整施工图，被写入上海市民办全日制高校思政课劳模教纲，呈现大变局中生活服务类“潘多拉现象”，为美发界注入一股清流。

2022年上海疫情解封后，陈平回浙江丽水庆元看望父母。开着牧马人行驶在油菜花遍野的百祖山下，车里播放豪迈奔腾的京歌《将进酒》，他不由自主哼了几句，这景这乐，让人心旷神怡，对远在他乡的创业游子，原本脑袋瓜与心境几乎短路，瞬间打起精神，光芒万丈。路遇仙都——中国黄帝文化名山，不知不觉感知文化对人的渗透。

陈平视企业如家，对手下几百号跟着他同甘共苦的年轻人，更是爱惜。陈平自感文化水平不高，所以从不放弃在中国传统文化中汲取智慧，尤其是对中国古典文学，《三国演义》他看过好几遍，对李白的诗，更是情有独钟，他说，李白把诗歌装进了行囊，走遍大江南北，把浪漫酿成美酒，浇透了百转千回的诗肠，他去攀登险峻的蜀道，他去讴歌长安的月亮，他去彻夜饮酒，他去泛舟浩浩荡荡的长江……

没有五花马和千金裘，只有诗行，一行诗就是一行深秋的白杨，可以静夜思的孤寂，可以将进酒的豪放，属于一缕微风，属于一片白云，属于中国的千古绝唱，属于一次又一次歌咏的月亮。

正因如此，每周二晨起，京剧名家王佩瑜《将进酒》的旋律就在他的办公室里回荡，与室外树林浑然一体。京剧名票周炯儿先生专注地给他辅导。

每当夜深人静的时候，低吟着这首京歌，陈平就倍感力量振奋，散去一天的疲惫。这首京歌，更像是一个远方的召唤。

2022 年 6 月上海解封后，一位年轻的女员工害怕再受封控之苦，留言“不想干了”，回到阜阳老家。

“这是一个很有潜力的小姑娘，怎么说不干就不干了呢？”

“吴晓梅这孩子，真不懂事，在上海几年学费白交了。”

陈平心起波澜，当即开车 400 多公里，赶到阜阳农村吴晓梅的家。当姑娘打开门，看到老板时，眼泪唰唰淌了下来。陈平与她在附近小饭店聊了半个多小时，老板的话，句句触痛姑娘的软肋，最终，吴晓梅回到了潘多拉。如今，吴晓梅已独当一面，担任闵行区爱琴海门店店长，做得有模有样。

来自江西景德镇的一位店长回家结婚，陈平带领 30 多人，十几辆车开了 7 个多小时来到婚礼现场。来自上海总店的真诚祝福，感动得新郎父母直抹眼泪：“咱儿子有出息了，从此，村里人再不会瞧不起我们一家。”

2023 年 2 月 21 日恰逢“龙抬头”（农历二月初二），又称春耕节，是中华民族的传统节日。龙抬头当日民间有剪头发求平安的习俗，在位于百联南方购物中心的潘多拉美发沙龙内，全国美发行业职业技能竞赛金奖得主陈平在为顾客理发，新闻记者抓拍到了美发师的精彩瞬间，次日上了上海主流报纸头版，大幅图片报道让店里的年轻人深受鼓舞。

位于春东路潘多拉2层技能创新工作室，墙上时针接近下午一点，大家都还没吃饭，只见陈平刚刚帮助完一个美发师对照寸头图片，用吹风机训练拉大波浪发型，稍微松了口气。这天上午，他已对6位美发师进行了逐个辅导，三四个小时的站立，连口水都顾不上喝，尽管已疲惫不堪，但他还是走到讲台凳子上坐一下，把两手交叉，放在膝盖上，垂下头，不一会儿，便打起十二分精神冲着美发师们喊："技术是自己的，注意手势轻重……"

尽管累得手都有些抬不起来，但6位美发师眼睛齐刷刷看着陈平，认真听老师训话。

"他们太'要'了。"陈平对我说，"这些孩子都是要参加今年甘肃兰州全国美发美容行业职业技能竞赛的，从严要求，对他们今后成长有好处。"

陈平的父母现在还年轻，能充分享受儿子的孝顺。每年春节，陈平都带弟弟回老家，做的第一件事，就是给爸爸妈妈洗脚，让女儿、侄儿在旁边看着，拍了视频，发在有上千号职工的朋友圈。

返回上海的路上，陈平问妻子陈香："你对我给父母洗脚怎么看？"

"有人会觉得你在作秀。"陈香脱口而出。

"我不去考虑别人的想法，洗脚这件事本身不重要，重要的是对职工的一次引导。孝顺，平时说得太多了，真正做到的甚少。”

这一年，师父经常对他说：“陈平，我们做美发服务这个行当，宽容两字很重要，没了宽容，当不好美发师，更与发型艺术家离开八只脚。”

春雨绵绵，王君、我、陈平三人坐在公司一楼的咖啡厅，喝茶聊天，外面小雨淅淅沥沥地下着。

王君说：“最近有两个词蛮热门，加持，受容。尤其是受容，网上查询也没有很完整的解释，我个人认为与宽容比较接近。”

我说：“中国汉语言文字，相同词语比较多。”

陈平插话道：“宽容，我们从不陌生，而受容有点不同，是基于自己的修养、品格，容纳外界对你的感染而做出响应，不论积极正面，或者是消极负面，都会产生很大的影响。前一阵子，洛阳有位同事跟我讲，店里来了位太太剪头发，还好没出闪失。后来得知这位太太很有权势，如果她对做的发型不满意，美发师态度不好，那不砸蛋。”

胸有大度，风雨也是景。反应不同，认知不一样，雷雨便是惊曲；腹无情调，春雨也嫌聒噪；酒能起性，杯酒深满，沉湎者自然欢喜，于不胜酒力借愁者则需另辟蹊径。

繁华盛世，宽容，大体也是一种人性。人世间的喜怒哀乐集中在此，前尘往事，江湖义气，曾有多少人跌了跟头。一味宽容者，如打牌输了个精光，宽容自己，这样的宽容要不得！

如果自己不为利益所驱动，骗子怎么能轻而易举把你口袋里的钱捞干？每年春节，陈平总会提醒员工回乡千万不能打牌赌博。而对待顾客，百分之百要宽容，要换位思考。某种意义上说，对顾客的宽容做到极致，也不会惹客人嫌弃，“老客人”积少成多，他们习惯了一个美发师的笑脸与手艺，总会不弃不离。我就亲历过这样的事：一位中年男子跟着一个发型师好多年，别的发型师他总是不满意。每当这位发型师外出培训或回老家探亲，这位男子宁可一两个月不剪头发，得知该发型师回公司上班后，他会从早上10点多一直候到下午4点多，当他看见发型师走出电梯那一刻，便如久别重逢了亲人一般。

一天傍晚，我搭乘这位发型师的车回家，行驶中，车载收音机一曲周深的《大鱼》被一个年轻小伙的电话打断。对方很有礼貌地询问他女朋友要做晚宴盘发的事情，发型师耐心地一一做了介绍。电话那头，小伙子非常感激。电话挂断后，发型师边开车边笑着说：“这个人上午已经打过我电话，聊了很久，他很在乎女朋友发型的。”

我也笑了，我明白了为什么会有那么多老顾客非他不可了。

双休日，追剧《我们的日子》，主人公夫妻俩，丈夫是个连长，退役后在一家厂保卫科干得风生水起，科长位置却让对座曾经的“浑球”独霸，郁闷不已。而当妻子被提拔为同厂财务科长时，丈夫却挂张驴脸给妻子看，大丈夫怀才不遇与大男人难堪窝囊的情感让人性的黑暗面显山露水。

妻子被提拔，大丈夫无地自容，无非是把面子当作秤砣。

我们的日子通常都是这样的写照。人生修养、格局，尽在自身检点，凡事明辨是非，关切内心，冷静一下，反省自己，责难自己，与自己过不去，结果多半能让自己好受些、开朗些。人非草木，情感往往主宰人的意志，而利益每每牵动人的情感。大千世界，林林总总，云里雾里，许多事情都叫功利蒙蔽了双眼。我们习惯做选择题，而忽视真假，罔顾是非，“猪油蒙了心”，岂能构成强大的内心屏障？功利当前，不妨改变一下思维习惯，先做是非题，再做选择题，才配拥有理性的宽容心态。若要安心，还得养心。养心是为自己做一道心防。

通透世道，让一切用心尺衡量，心筛过滤，心泉洗涤，如此方能安心地漱涤万物，牢笼百态。

商业服务业，历尽沧桑，作为从业者，不管之前业绩如何，假如我们缺乏对消费者宽容的因子，迟早会被淘汰……

在细雨中，谈及现实与哲理，倒也很有雅趣。高处不胜寒，但凡企业面临十字路口，犹如在机场，一个出发，一个到达，感受泾渭分明。

指路牌还得挂挂准，个人也一样。

陈平的小家也很温馨，他妻子是扬州仪征人，他们在“美发培训班”相识，共同的追求使他们愈加亲密。他们的女儿13岁，学习成绩“杠杠的”，读了6年的书，做了5年的班长。由于夫妻俩工作繁忙，懂事的女儿没有任何怨言，她深知父母创业不易。虎年女儿的生日，陈平夫妻俩忙完事已经晚上 9 点多了，急匆匆买了一个小蛋糕，返家的路上，给女儿陈思尹发了一条短信：“女王陛下，爸爸妈妈一定会给你补办生日。”女儿回复：“谢谢！”此时的陈平，泪水夺眶而出。

陈平对女儿说：父母为你骄傲，你也会为父母骄傲。我希望成为女儿的榜样，说一是一，说二是二，知行合一，让生命之光，在磨砺中闪耀。

偶尔，陈平会在办公室大玻璃窗户前驻足良久，凝视眼前那一排排桃树，想到老家也有这样的树，就会想起留守家乡的父母亲。老母亲一直牵挂着在外奔波的儿子，总是反反复复说着吉祥如意的话语，是在祈祷，也是在抚慰儿子为爱忐忑的心。

他喜欢北方的秋天，胜过江南，生命的吝啬多于慷慨，总能感受那些古老的柔情和万物的深沉，仿佛志存高远的大地，领着他，去往更广阔的边界，寻找更平实的沉淀，感悟更深远处的存在。

吉正龙上足了发条，悉心培养陈平等弟子成为专业上进、品格高尚的美业人，他让弟子们感受到一种托举的力量，一种天天向上的期盼。

陈平这一代美业界的后起之秀，在这个生机勃发的时代，勇立潮头。

或许正因如此，记忆中一切演出，才总会完美得令我们或是落泪，或是欢喜，或是雀跃。

# 第十三章
# 总教练初心不改当公益使者

2004 年，吉正龙在创办的英美职业培训学校门口设立了一个实训厅，他的出发点很简单：“一开始，就是想给学生们提供一些实操的机会，让他们多锻炼锻炼。”

没想到，这个无心插柳的举措一下子吸引了越来越多的人，一传十、十传百，大家都知道了这里可以免费剪头发。到了后来，影响更是越来越大，“有时候我们的市文明办、市政协等一些部门搞活动，都会来找我们提供服务。”

就这样，吉正龙慢慢开始做起了公益，各种活动也越做越多。每月 10 日是雷打不动的学雷锋日，吉正龙团队会在杭州市运河广场搭起简易便民服务点，风雨无阻地免费为群众修剪头发。

从 2004 年 3 月 5 日起，一直坚持了 19 年，还将延续下去。这是吉正龙对社区群众的承诺。

他创建的大师工作室，坐落于社区门口一幢 3 层的老式办公楼，环卫工人凭工作证、老年人凭老年卡，便可享受免费服务。吉正龙只要有时间，每天都会为这些对象提供免费理发服务，他不在时，沈文青等全国技术能手也会参加义剪。久而久之，居民们被身边“活雷锋”所感动，“社会还是好人多，美发大师主动义务为群众剪发”，引起南来北往过路人、社区群众的热议，近千条评论刷爆朋友圈。义剪登记册，更是换了一本又一本，叠加起来足有一米高。两位老人特地打电话给《钱江晚报》，要求记者采访，吉正龙对此很淡然，总是微微一笑。

在杭州，吉正龙带着一批志愿者，常年开展学雷锋活动，爱岗敬业、助人为乐，以志愿服务温暖人心。同时，通过此举让新时代文明实践中心走进群众视野，持续传递“志愿服务在杭州”的温度，使其成为市民群众看得见、摸得着、想得到、融得进的文明生活新时尚，擦亮杭州城市软实力的“金名片”。

2022年疫情暴发的时候，吉正龙毫不犹豫地带领团队为一线抗疫工作者免费上门服务。因疫情留守杭州过年的外来务工者，也是他们服务的对象。

……

时至今日，由吉正龙带领的爱心志愿者服务团，累计服务时间长达数万小时，服务对象更是超过10万余人！

“公益事业是一做就停不下来的事，只要有精力、有时间，我就会一直做下去。”吉正龙情绪饱满地说。

有一天，吉正龙跟徒弟陈平聊起做公益，可对于如何精准帮扶，陈平一头雾水。吉正龙给陈平提了一个建议，吉见科技管理公司长期对口云南支教，潘多拉公司作为负责任的美发企业品牌，可以派出技术能手到当地初高中学校，建立对口技能

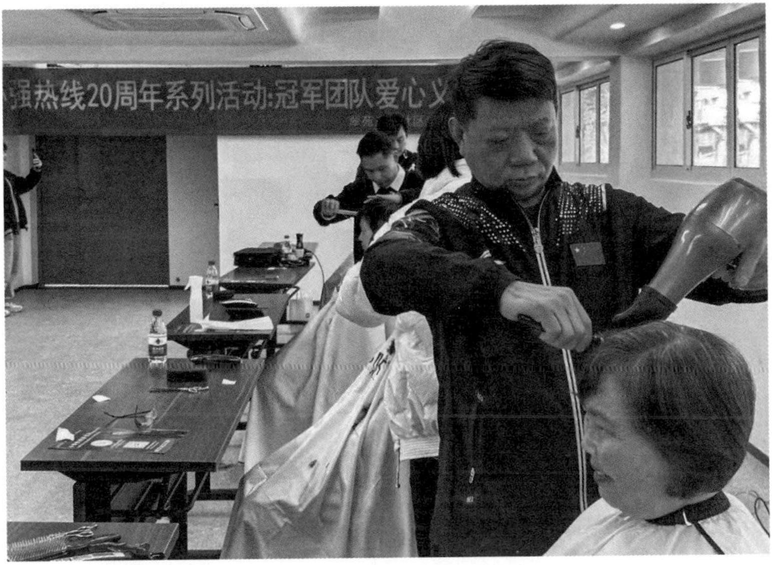


吉正龙带领国家级技能大师工作室人员坚持20年为群众爱心义剪

吉正龙经常到社区为群众义剪

扶贫行动计划——针对当地高中生或初中生中，中考、高考成绩不理想又不愿在原居住地复读的孩子，酌情为他们培训理发技能，还可以提供到上海进行点对点培训的名额，既帮助当地解决就业困难，又为公司培训、储存后备技术力量，岂不是双赢的方案？

“这个创意好！”吉正龙一语点醒“梦中人”，陈平与师父一拍即合。吉正龙看他兴奋的模样，情不自禁地笑了。

吉正龙在美发界善于创造新方法，形成战略性思维。他思维敏捷，精力旺盛，不知疲倦地工作于世界技能大赛与平时的大师工作室，这在业界是出了名的，留下了很好的口碑。同样，他善于将发散性思维、丰富的想象力，运用在职校课堂上，他的课，学生们普遍爱听。

2023 年 3 月 1 日，在浙江省委宣传部等 5 家单位组织的大型公益活动“万朵鲜花送雷锋”中，吉正龙被百姓推荐为身边“活雷锋”。

吉正龙认为，美发就是为老百姓服务的最实际的行业。如果手艺人对待老百姓从心底里缺乏对他们的尊重感和信任度，而纯粹是商业买卖关系，那就根本做不好这份美发服务工作。新一代美业人不仅要传承理发界前辈的独门绝技，还要传承弘扬历代美发人为民服务的优良品德、道德情操，更好地融入城市化商业服务之中。美发就是直接与客户打交道，“真诚 + 技能”，才能获得客户的信任。这些年，理发从工具、店堂到手艺人的技术手段都发生了天翻地覆的变化，前卫时尚的美发师、发型设计师层出不穷，但是眼下乃至相当长的时间里，仍最缺乏德技双馨的美发从业人员，去引领行业脚踏实地践行社会主义核心价值观，从灵魂深处厚植爱党爱国情怀，深刻理解做事业的初心和使命。将自身价值与顾客满意度紧密联系，可谓任重道远，而现在的坚持义剪本身，就是在每时每刻传达着一种力量，向年轻美业人传播为人民服务的思想。

2022 年 3 月 5 日学雷锋活动日，一批美发师自告奋勇地加入运河广场志愿者服务新行列。关注与期许，都是最好的接力。那一天，美发大师吉正龙穿着志愿者服装，专注地为一位坐在轮椅上的老者理发，这是吉正龙最朴素的“爱民”表情。

不远处的西湖，风光秀美，景色宜人。宽阔的西湖，犹如一个书院，我们都是院里的学子，每天都在湖上走读，品柳赏花，景内景外，感悟快乐，好开心啊!

但又想想，此岸天堂般的美丽，终究不及彼岸的脚踏实地。面对此岸的景色，套用意大利神学家但丁的话：看一眼，就继续向前吧。

2023 年 3 月 5 日，是毛泽东题词“向雷锋同志学习”60 周年，也是浙江卫视品牌栏目“小强帮忙团”开通 20 周年。一大早，浙江卫视做了档直播节目，作为小强帮忙团特邀帮忙员，吉正龙与他的世界冠军团队正为市民剪发，很多社区群众闻讯后赶了过来。镜头里，外婆领着小外孙来找吉大师剪发，小孩子只有 3 岁，坐上理发椅子，吉正龙弯低了腰，一刀一刀给孩子剪发，嘴里表扬：“你很乖，挺帅。”孩子外婆站在一旁笑着说：“孩子生出来一直都是自己在家里剪，瞎剪八剪，今天能有这样的机会，真好！等孩子长大了告诉他，第一次外面理发，国家级理发大师剪的，该有多自豪呀……”

吉正龙抬头看了一眼，笑了笑。

约莫 15 分钟，男孩的头发理好了，更显可爱活泼，吉正龙已经弯腰剪了 10 多分钟，丝毫看不出他的腰酸背疼，仍笑语相迎：“下一位！”

吉正龙团队为民服务，不仅仅是在节假日，偶尔还会到富阳、桐庐等邻近市县服务。每当秋高气爽，服务结束从山间离开，车子缓缓行驶，松涛阵阵，仿佛拂动姑娘的裙摆。秋色绚丽，稻田上云朵漫游，人们有了遐想，红色的枫叶落入孩子手中，童年有了色彩，世界懂得了温暖。

车上，有的人闭上了眼睛，似乎也能看到明媚。

# 第十四章
# 一片丹心传匠心

2019年8月28日，喀山，第45届世界技能大赛颁奖台。当鲜艳的五星红旗出现在大屏幕上，当主持人终于报出那句期盼已久的“DAN SHI，CHINA!”石丹身披国旗，轻盈地跃上最高领奖台。金牌挂胸，笑容和泪花一同绽放，远处欢呼雀跃的中国代表团一片舞动的鲜红。“那一刻，我觉得国旗红得特别耀眼。之前所有的辛苦和付出，太值了！”

这是这个21岁姑娘最后一次征战世赛，总分89.9分，高居美发项目之冠。这块闪亮的金牌，承载着“技能奥林匹克”赋予的荣光和希望，金牌背后，铭刻着她1800多个日日夜夜砺剑备战的艰辛和担当。

石丹出生于江西上饶鄱阳县双港镇一个普通农村家庭，父母在她很小时便外出打工，深知技能的重要性，他们希望女儿能够拥有一技之长，以此立世谋生。这个漂亮的姑娘在初中时就表现出较强的动手能力。“那时已开始有点臭美了，没事的时候就喜欢拿起剪刀帮有需要的同学剪头帘。”石丹笑道。爱好加天赋，让她选择在初中毕业后进入杭州市拱墅区运河技工学校，学习美发与形象设计专业。“就想靠自己的双手创造出更多的美”，慢慢懂事的石丹，有了自己的最初理想。

### 入行

刚入学那会，村里人对“职业学校”和“美发专业”接受度很低。倔强的石丹暗暗发誓，要争口气。入行了，石丹才发现，想成为一名优秀的发型师，可不像看着那么简单：“开始的时候，练基本功修剪，真的很困难，一站一天的手上练习，手经常会抽筋。有时候为了不破坏外线，又要去发量，剪刀拿歪了，角度不对，进刀的深度不对，力度不对等，经常会剪到自己的手，一刀、两刀，左手到处都是血口子。”这种辛苦，让很多同学想方设法在专业课上偷懒，但石丹却最喜欢，一有空就掏出旧剪刀来练手。勤奋的她很快冒了尖，让专业老师刮目相看。命运的转机，就在此时出现了。

2014 年，学校组织世界技能大赛冲刺选拔赛，她报名参加，成绩优秀的她被老师选中，进入校训队。这个心怀理想的小姑娘，16 岁就憧憬着有一天能站在世界级的赛场上，代表中国登台竞技。誓师一般，石丹剪去自己留了很久的长发：“剪短发，是为了不分散自己的注意力。头发剪了可以再长，但机会只有一次！”

明确了目标，努力也有了方向。进校训队后，她每天 7 点起床，对着无数的头模和染发膏一遍遍练习，总是直到凌晨才休息。自律的她很快便脱颖而出，在 2015 年第 39 届亚洲发型化妆大赛上，石丹一举夺得男士潮流修剪项目亚军。“这是我职业生涯的第一个奖杯，它对我意义非凡。从那时起，我更加坚定了自己选择的路。”

扎实的基本功底让石丹的天赋爆发出强大的能量。从 2014 年开始，她在所有的市、省、国家选拔赛和各类国际邀请赛、挑战赛中，囊括了全部的第一，创造了美发项目中国队的纪录——拿“第一”最多的人。

## 折戟

战士的征程，从来没有一帆风顺。

从校选拔赛开始，石丹一路高歌猛进，让她的受关注度迅速提升。梦想陡然迫近眼前，赞誉来得那么多、那么快，不满 20 岁的石丹还来不及准备好，便被拥到了聚光灯下。“刚开始，有人说你要代表学校，很快就变成要代表杭州、代表浙江，一直到要代表国家，肩上扛的担子越来越重，一点也不能失误。”

石丹内心的弦绷到了极限。在第 44 届世界技能大赛省选拔赛上，她得知从小将她抚养长大的爷爷走了，悲痛险些将她击倒，但她只能默默忍受着。半个月之后，慈爱的奶奶也离她而去。“那时训练，总是会走神，总是流泪。”时至今日，说起不曾见二老最后一面、送他们最后一程，石丹眼里的痛楚仍清晰可见。压力和情绪一直累积着，无法释放，进入国家队后，在一次与远在家乡的父母视频通话时，一句原本是在称赞女儿有出息的“我们家就靠你了”，成了石丹难以承受的“最后一根稻草”。

国家队只会选择一人参赛，通过省选拔赛入选的10位队员，将历经“10进5”“5进2”和“2进1”三轮淘汰，只有最后的胜出者才能成为国家队的最终成员，站上世赛的舞台。在“10进5”选拔阶段，石丹还处在第一。然而，接下来的“5进2”比赛中，她发挥失常，落到了末位，无缘世赛！一位技术指导专家发现：“比赛时，石丹非常紧张，动作很僵硬。”

惨遭淘汰的石丹来到恩师吉正龙的办公室放声大哭，整整一个上午，她涕泪交零，双眼红肿，也第一次把自己心中的压力倾诉了出来。吉老师知道，她就是太想保这个第一了：“她平时不爱说话，情绪都埋在心里，直到被淘汰，我才知道她的压力有这么大。”

那段时间，石丹情绪一度跌落谷底，她把自己关在家里一个星期，除了姐姐，不和任何人提及自己的状态。休息整顿后，石丹回到了熟悉的校园，见到吉正龙，她又忍不住哭了出来。吉正龙拍拍她的肩：“你应该换种角度，抱着学习的心态去看待比赛，要在这个过程中发现更好的自己，而不是为了比赛而比赛。因为抛开比赛，这一身技能是别人抢不走的。你要有自信，要为自己感到骄傲。”仿佛有一道光，消散了石丹心中的阴霾。

### 涅槃

爱徒心切的吉正龙为石丹安排了心理专家邬迪剑。几次接触后，邬迪剑说：“她需要学会平静，学会放松。”

在心理辅导的帮助下，石丹开始自我调整，以超出年龄的成熟去正视自己的不完美，她迫使自己成长，让内心更加强大。“你只要明白，自己是来干什么的，然后去做好这件事，就行了。”邬老师这句话，让她豁然开朗，逐渐重拾信心，投入更加艰苦的训练中。

为了克服第41届世赛美发项目最后模块阶段，中国选手因体力不支而发挥欠佳的问题，石丹的常训中增加了每天6点晨起5000米的体能训练，结束后吃早饭，赶到训练基地，开始上午的训练。吃完午饭，休息15分钟，继续下午的训练，晚饭后再继续，一直到晚上10点以后。如果遇到一些偏难的发型，可能要持续到凌晨1点甚至更晚。“有时候会熬夜到凌晨4点，在训练室里躺一会儿，早上再接着干。”石丹说，“希望自己的作品能够更好更完美，没日没夜地练，就是为了那么一点小满足小成就感。”

2018年9月，在第45届世界技能大赛美发项目全国选拔赛中，石丹以第一名的成绩，再次入选国家队。

全年无休，每天16小时的高强度训练，是国家队集训的底色。

贴在宿舍墙上的时间表，雷打不动，教练还要让她每天补习2个小时外语，看一下基地提供的报纸。

石丹有两个放松的秘方：一是超辣的冒菜夜宵，一是到夜晚的运河边吹吹风，散散步。在赴俄罗斯备战决赛期间，长时间的训练使她常常站到腿抽筋，频繁使用剪刀也导致她患上腱鞘炎。医嘱只有一个字：养。而由于休息不够，石丹的炎症经常发作，甚至在比赛当天，她的手都是肿的。但她从未退缩："我有目标，我想靠自己的努力做出一番成绩。"

## 荣光

成功终于如期而至。

喀山，4 天 3 夜的赛程里，紧张又忙碌的气氛弥漫在赛场的每一处空气里。而石丹像个"亢奋"的孩子，每天比赛结束，回到酒店继续练习第二天的比赛内容，直至凌晨 1 点，睡眠时间不足 5 个小时，明明手已肿得通红，却沉浸在赛前练习中无法自拔。随队心理专家邬老师对教练组说："石丹的精神状态没有问题，应该可以正常发挥。"这话一说出口，吉正龙及其他教练员的心情舒畅了一些。翻译累得坐着都能睡着，石丹却精力充沛："感觉自己不吃不喝不睡觉都没事，直到比赛完了，还想着要再来一场的那种。"这是一种说不清的力量，来自石丹的内心，它流入石丹身体的每一处，让她在亢奋之余，有种可"于万军中取上将首级"的笃定。

在比赛时，石丹如入无人之境。赛场是开放的，观众、相机镜头在她的工位围成一圈，观看、拍照、讨论，她丝毫没有察觉，修剪、染色、烫发、盘头，行云流水般一气呵成，完全沉浸在对模特发型的操作中。

担任赛中心理疏导的邬老师看得紧张，决赛与前面的打教学比赛毕竟是两码事，同时又欣慰得想流泪，她感觉得到石丹内心的强大。“其实，8 月 26 日的比赛一过，我就知道，金牌是她的。她发挥得太稳定了。”吉正龙说。

当披上国旗站上领奖台，石丹落泪了，那一刻，绷了 5 年的那根弦，终于松下来了。摘金归来，回到杭州，时任浙江省省长袁家军等领导亲切接见石丹等优秀选手和教练团队，勉励他们，不忘初心，传承工匠精神，为社会再立新功。石丹所到之处，尽是鲜花、掌声、闪光灯和无数的荣誉，经过大赛的历练，石丹始终低调谦和。

行以致远，因为从未忘记出发的地方和当初为什么出发。

习近平总书记对我国技能选手在第 45 届世界技能大赛上取得佳绩做出的重要指示和致首届全国职业技能大赛的贺信中，都明确提出激励劳动者特别是青年走技能成才、技能报国之路。总书记的殷殷教诲，激励石丹只争朝夕，一路向光而行。

说起吉正龙老师，石丹感慨万千：“吉老师平时对我们管理很严格，我不知道被他训过多少次。生活中他又像慈父，细心周到地关心照顾我们。他用自己的方式，成就了许多年轻人的梦想，我们每个人成功的背后都凝聚着吉老师巨大的心血。”

石丹回到拱墅职高，继续教学，继续指导实训，备战下届世赛。

被问及今后的打算，石丹说：“最重要的是把我在大赛中取得的经验和这么多年训练的成果以及专家团队教给我的技艺，传给学生们。让更多的人跟着我一起去学习美发，技能成才！”

“中国美业天高云淡，弘扬中华传统文化，需要一代又一代人传递，成为一道道光束，点缀百姓美丽生活。”石丹如是说。

有一天，石丹在朋友圈写道：“为行业发展贡献我所有的力量，努力把成绩单交到下一代手上，把工匠精神传下去。”

2017 年 8 月 14 日，人力资源与社会保障部网站公布了为备战第 44 届世界技能大赛，经全国选拔与集训考核程序，确定了邹芳忆等 52 位同志的入选名单。王芹名列其中。第 44 届世界技能大赛于 2017 年 10 月 19 日在阿联酋首都阿布扎比举行，中国派出了 52 名选手，在 50 个项目中展开角逐。这一年，吉正龙带着杭州拱墅区职业高级中学的王芹参加美发项目的比赛。王芹总分排名第四，以微弱比分未能进入奖牌榜，最终获得最佳选手奖。

王芹来自江西鄱阳湖地区的农村家庭，初中毕业后，没有考上省重点中学，当时，她觉得杭州作为省会城市，人文环境独特，就报考了杭州市拱墅区职业高级中学，志愿栏填报的是她心仪的期货、话务员等专业，然而，收到学校录取通知书后，王芹发现自己被录取的是美发专业。

2014 年教育部改革，中职生首次可以参加世界技能大赛。王芹参加中职大赛选拔，经历学校、杭州市、浙江省、全国 4 个层级的选拔赛，入选国家集训队，专攻男士古典、卷杠两个美发项目，胡已雪是她的主管教练。

在拱墅职高，王芹学习成绩突出，性格外向，受到学校领导的重视，外出学习交流的机会渐渐多了起来。2015 年 11 月，王

王芹参加杭州市第十四届人民代表大会第一次会议

时任浙江省省长袁家军接见石丹等选手

芹作为中国高中生参访团成员，到日本进行为期半个月的交流。

“当初到职高读美发，老家乡里乡亲难免有点想法，职业学校前景暗淡，女孩子应该学点网站设计、计算机之类，学美发普遍不被看好，主要是世俗偏见，这样那样的议论，这也挺正常。”王芹说。

“出国访问，还能参加世界技能大赛，村里人，包括我的亲戚朋友都有点看不懂，做头发竟然还有这样的美差，彻底颠覆了众人对美发的认知。”王芹心有所动，时不时向学校领导坦露对美发的钟爱。

第 44 届世界技能大赛进行了全面的赛务改革，往届世赛偏重于艺术化、观赏性，这届则侧重美发作为民生刚需这一本原属性，强调更贴近生活化、商业化，首次增加了真人模特，意味着选手不仅要学技能，还要更多地深入现实生活，这对参赛选手来说更是全方位的挑战。

世界技能大赛教练团队针对王芹个人的技术特点，为她量身定制了培训内容。

人生不如意事常八九，岂能苛求事事合人心。

王芹大赛结束后回校任教，教学生盘发、剪发，教育学生刻苦学习，掌握一技之长，同时还致力于职业教育研究与探索，做创新课题。

杭州是一座人文历史气息浓厚的文化名城，在这里，她每天都感觉充满活力与温暖。她还被评为“全国技术能手”，获评副高职称。

2018 年，王芹当选杭州市青联委员；2019 年增补为浙江省青联委员；2020 年当选全国青联委员。

2021 年，中国共产党建党百年之际，她光荣地加入了中国共产党。

在青联委员履职过程中，王芹注重自身学习，注重调研，因表现突出，被评为全国优秀青联委员。这一年，她随团中央全国青联到江西井冈山团校调研，强烈地感受到革命老区发生的历史性巨变，井冈山的盏盏星灯，百姓安居乐业的景象，都让她心潮澎湃。《星星之火，可以燎原》历史巨作仿佛呈现眼前，每行字，散发着澎湃的红色力量，这时候，她真的明白，从事职业教育，引导学生们听党指挥，青春自我，实现人生出彩，犹如星火，铺呈燎原之势，这是多么伟大的一件事！做好职业教育推广人，是她这个人民教师的崇高使命。

这一夜，她无法入眠……

2022 年，她被推选为杭州市第十四届人大代表。面对新使命，她始终如一认真学习，忠诚履职，积极建言献策，履职积分，排在杭州市人大代表第四位。

王芹教书育人、技能报国的情怀，与师父吉正龙何其相似！一个师父教出来的手势，到哪儿都是一样的。

在吉正龙眼里，王芹性格开朗，热情奔放，内心阳光，备战第 44 届世赛，有时候训到她哭了，当时也会心生怒气，但几分钟就过去了，还是会主动围着老师“师父长，师父短”。

2019 年，石丹在俄罗斯喀山摘得第 45 届世赛金牌，王芹哭了两次，自己没有拿到好成绩，她倍感内疚。

“王芹，你作为石丹的教练，石丹拿了金牌，很光荣，你也很光荣啊！你是金牌教练，身份转变，同样可喜可贺！党和人民给予你很高的荣誉，当好一个职业教育工作者，任重道远，培养更多小石丹，为那些青春学子筑梦圆梦，也是师傅的所期所盼，履行职责使命，成人之美，永远是我们团队不变的软文化。”吉正龙语重心长地对她说。

吉正龙一席话，让王芹彻底释怀，连声说：“师父，我知道了。”

阳光下，吉正龙那张招牌笑脸，让她坚定了信念。

吉正龙世界冠军团队，耀眼当属团队中的铿锵玫瑰，五朵金花：聂凤、石丹、胡已雪、王芹、沈文青。清一色职校生，均来自普通人家，性格各异，但她们有个共同名字：“世赛，我来了。”

姑娘们做梦也没有想到自己能成为全国技术能手——这被誉为技能界的“工人院士”。沈文青芬兰摘银后的第一个三八妇女节，我在杭州世赛集训基地见到了她，此时她正在为聋哑选手做出征法国前的模头训练。

“目标，芬兰。参加 2022 世界技能大赛特别赛的美发项目选手沈文青，就要踏上西征的路途。一段漫长的旅程，也是一次漫长的等待，不过还好，马上就可以出发了。”这是沈文青曾经发在朋友圈的一段文字。

沈文青，1999 年 9 月出生在安徽省宣城市一个农村家庭。2014 年，中考失利，抱着学一门技能也可以养活自己的心态，她来到了杭州。

妈妈说：女孩子选择美容专业好，可以学会如何保养皮肤，变美，又不会太辛苦。于是，沈文青就填报了杭州市拱墅区职业高级中学美容专业。

从美容到美发，从学员到选手，沈文青从此开启了自己的跨界人生。

当人生有了第一个小目标，沈文青就开始准备完成第一次跨界。

第一学期，学校举行了一次全校选拔赛，进行第 44 届世界技能大赛美发项目初选，要求每班 2 名学生参加。机缘巧合，在班主任的推荐下，沈文青参加了美发项目选拔赛的集训。

其实，沈文青当时的心情很复杂，因为她就读的是美容专业，自己对美发专业并没有多少了解，而且当时参加选拔赛报名的，都是美发专业的师哥、师姐，对自己能否通过淘汰赛的选拔，沈文青是没有多大信心的。但沈文青有一个秉性，那就是：每做一件事，一旦开始行动了，那就不管结局如何，自己都会尽最大努力去完成。抱着这样一种心态，沈文青积极完成老师布置的任务，同时，取长补短，向师哥、师姐们学习。

集训期间，沈文青第一次有机会接触到国家队的选手。他们是备战第 43 届世界技能大赛美发项目的国家队 5 强选手，来到学校给大家做展演。当时，沈文青被震撼到了。

以前，只是听说，但在真正接触和亲眼看到时，那种感受是不一样的。沈文青说，第一次感受到，发型也可以做得如此有艺术感，充满国际化和时尚感。同时，沈文青第一次与美发项目国家队专家组组长吉正龙老师近距离接触。吉老师不仅对作品精益求精，而且对选手也非常严格。沈文青从心底里产生了敬佩，她萌生了一个想法：如果可以，也希望成为吉老师的学生，跟着吉老师学技能，参加全国选拔赛，进入国家队……

在那之后，沈文青就朝着这个小小的目标，努力地学习美发技能。

学校选拔了 3 名选手，来到吉正龙老师的大师工作室训练，沈文青是第三名。

来到了吉正龙的大师工作室，那时的沈文青，非常感激吉老师把自己选入队伍，同时，她也对未来充满了期待。

沈文青按照吉老师规定的动作，每天进行训练：2000 米跑步休能训练，1 小时基本功练习，2—3 个模块的训练任务，每个模块的操作时间一般是 2 小时 30 分钟。吉老师对大家的要求非常严格，训练计划科学。训练了一段时间后，她学到了很多技术技巧和手法。吉老师也时不时耐心地教她如何处理人际关系，遇事该如何解决问题。“在教学过程中，吉老师如同父亲般严厉，但也如母亲般细致，让我在各个层面上都受益匪浅。”沈文青很快就成长了一大截。

“还记得第一次参加第 39 届亚洲发型化妆大赛，第一次感受到吉大师的训练方法，对自己比赛是那么的实用。在平常训练的时候，吉老师的高要求，让大家从一开始就养成了良好的习惯，在正式比赛时不会出岔，有良好的心态去面对比赛。”

沈文青接着说：“不怯场，不出错，正常发挥出自己的水平。特别感谢吉老师的培养和教导，自己才能够在亚洲发型化妆大赛中获得‘女士时尚潮流修剪’项目冠军。”

“之后，更加理解吉老师对我们的关心，尽自己所能去完成吉老师布置的任务。”沈文青相继参加了第44届世界技能大赛美发项目选拔赛、第45届世界技能大赛美发项目选拔赛，从板凳队员到主力战将，角色变了，自信更足了。

初次参赛，是激动和兴奋；再次参赛，就有了这样的心态：“台上目中无人，台下谦虚谨慎”“一辈子做好一件事”“多练、精准、细致、完美、坚持”。教练经常和沈文青说的几句金言，在比赛和训练过程中，沈文青经常拿来提醒自己。

8年，2000多个日子，沈文青一直跟随师父身后，获得了以吉正龙老师为首的美发项目中国国家队专家与教练团队的具体指导。老师们精益求精、敬业、专注和创新的工匠精神，让她获益匪浅。

“集训很苦，但可以每天学习最新、最酷的知识，太有意思了。”对沈文青而言，美发远比美容有趣。

训练备战期间，吉正龙言传身教，沈文青耳濡目染，学会了如何做人做事。“吉正龙国家级技能大师工作室”每周一、二为老人提供免费理发服务，她一直参与其中，乐此不疲。

“一切手工技艺，皆由口传心授。传授手艺的同时，也传递了耐心、专注和坚持的精神，这是一切手工匠人的特质。”沈文青说。

“芬兰，我来了！”然而，原定于在上海进行的第46届世界技能大赛因疫情影响先是推迟后又取消，最后改为世界技能大赛特别赛在世界各地进行，让沈文青的心情和心态也一直如坐过山车。

心态的调整尤为重要，国家队心理辅导老师邬迪剑，给予了沈文青足够的心理支持。

抗击新冠疫情期间，沈文青跟在吉正龙老师的身后，义务为奋战在抗疫一线的医生、护士、高速交警、执法人员等人提供理发服务。

“为社会奉献自己的一份力量，做一些力所能及的事情。”沈文青说，“吉老师经常教导我们，人要学会感恩，不管在什么时候，都不要忘记曾经帮助过自己的人。”梦想是驱动进步的动力，沈文青想成为一个真正的践行者，学习师父对技能的坚持，以及一丝不苟、精益求精的匠心精神。

随着比赛的临近，紧张感、压迫感与兴奋的感觉，越来越强烈地涌上心头。长时间的训练与磨炼，沈文青憋足了劲儿，准备在芬兰赫尔辛基赛场一展中华儿女的英姿。

# 第十五章
# 功勋教练基因密码

近年来，国家综合经济实力稳步提升，中国已成为世界第二大经济体。从制造大国向制造强国迈进，离不开庞大的高技能人才队伍支撑；对接世界领先的前沿高端技术，更需要加快高技能型人才培养的步伐，为实现中华民族伟大复兴“中国梦”提供磅礴力量。在迈向现代化的进程中，技能人才培养与培训具有重要的国家战略意义。

2010 年 10 月，中国加入世界技能大赛组织，成为中国全面加快建设科技强国，打开通向世界技能高端领域的一扇窗。世界技能大赛被称为技能界“奥林匹克”，获奖选手的奖金、荣誉、政治待遇不亚于奥运会获奖选手，引发多方关注，国内逐渐形成了世界技能大赛效应，工匠精神日益深入人心。

从 2011 年起，吉正龙被聘为中国代表团美发项目专家组组长、总教练，他带领中国技能健儿获得了美发项目两项世界冠军以及一系列优异成绩。他富有传奇色彩的成长历程，被世界同行、职业院校、广大美发从业者所广泛称道。近日，我专门赶赴杭州，来到吉正龙领衔的国家级技能大师工作室，与他进行了一次长时间的采访。

问：吉指导，十多年来，您带领中国国家队，出征第42、43、44、45、46届世界技能大赛美发项目，取得了中国在世界技能大赛上的空前突破，多次刷新技能选手在中国参赛项目中的成绩，并获得二金二银二优胜的优异成绩，您成功的秘诀在哪里？

吉正龙：我是一个理发师，入行40余年。之前对学理发从未想过，但因为家里实在太穷，来到杭州当学徒工，开始对理发这门手艺产生了兴趣，发现理发还能赚钱，比城里一般工人收入多得多，欣喜若狂。我曾担任国营店副总，后来自己又下海创业，开街面铺，专注技术，精益求精，自己比较喜欢动脑子，手上功夫也开始有了。

20多年前，顾客到店里，烫发要使用化学烫，而我为顾客吹过的头发，与烫过的头发一模一样。技术好，顾客自然多，我从早晨忙到深夜。改革开放后，我参加了亚洲发型化妆大赛，出人意料地拿了冠军，当时在中国，美发拿冠军我还是第一人。参加大赛之前，我师从中国四大理发大师之一的蔡万江先生，拜师学徒，从师傅那里获得一些“真经”。从第17届到第41届，我一直担任亚洲发型化妆大赛的裁判员，为之后出任中国美发国家队教练积累了宝贵经验。

对选手的培养，要科学施教，对标世赛的规则，将体系化、

作者采访吉正龙老师

上海美发美容行业协会欢迎金牌教练吉正龙凯旋

上海百年老店华安美发厅跨越新时代，传承上海海派经典特色

系统性、独创性有机结合。不仅仅是一般意义上的吹剪烫护，要多维度、精细化地对模头进行成千上万次打磨，塑造大赛认可的作品。参赛作品本身蕴含艺术性、时尚性及世界流行色，具有社会推广价值。

训练过程中，我要求队员每天早上跑满2000米，以保证选手在比赛时有足够的体力应战。队员们在训练时，每一道工序，都由我挑不出毛病才算过关。裁判只会挑你毛病，我这一关你都过不了，别想取得好成绩。

面对国际技能界顶级赛事，教练组提出的训练理念是：“从不觉得谁聪明就能少练一点，想获得更大的成功，就必须付出等值的努力。”

美发在中国有千年历史，时代不同，手段不同，服务对象更不同，作为一个总教练，不仅手上技术要熟练，还要具备一定的理论功底，超前的思维方式，对美学、心理学、皮肤学、色彩学等有深刻的理解，并能科学运用，形成一整套完整的逻辑思维能力与丰富的想象力。

我自己曾经创办职业美容美发学校，自告奋勇当起美发专业教师，进行实操—理论—教学，将三个层次渗透性融入，夯实理论功底，清晰地评判模块做成的效果。当时学校条件有限，为了让理论更好地为实践服务，特意在学校门口办起了吉正龙发型沙龙，根据不同顾客对象的发质条件、审美需求，实现顾客想要的风格。

美发行业是一个追求美、塑造美、展现美、传播美的行业，要在这一行站稳脚，必须有真功夫，高水准。让发型设计真正适合顾客，就要根据顾客的年龄、气质、性格、出席场合进行综合考虑，根据经验进行塑造。好的造型会“说话”，能展现每个人的特有气质。

创新，是一个永恒的主题。一技之长，能动天下，美发的创新也是如此，从海量时尚与传统融合的信息中，找出创新的“核爆点”。参加国内大赛与国际大赛有区别，国内大赛偏重于中国传统文化、民族区域习惯，世界大赛则紧跟世界时尚发展潮流。要在美发上不断创新，需要借鉴与观摩更多海外作品，作为国家队教练，对其他国家创新的内容，需要不断吸收消化，推陈出新。我积极走出去，坚持学习，拓展创新思维、审美价值，珍惜每一次走出去与国外同行切磋技艺的机会；回国后，反复琢磨，理清思路，融入国际视野，锻造一支出类拔萃的国家集训队。

早些时候，商业部分管亚洲大赛，商业部发个公函，机票、住宿都是各单位自行承担，我自己创办学校，所有费用自掏腰包，不用商业部出一分钱。

我担任第 17 届至第 41 届亚洲发型化妆大赛裁判，到过韩国、印度尼西亚、日本、泰国等地。当时，有朋友对我说：“阿龙，自己出力又出钱，不值得，何必当真呢，到老了，遗憾终生。”我虽然不完全赞同他的话，但我明白这也是朋友的真心话，没有丝毫“掺假”成分。

我曾见过一位事业上成就卓越的工人院士，拿回来的荣誉证书、奖章、纪念品可以放满几房间。最后，绝大部分都捐献给了某大学，建起以他名字命名的荣誉馆，上下两层楼足足2000余平方米。他初心不改，一生清贫，为培养一批批优秀大学生、工匠竭尽所能。

当时，我认为，作为国家队教练、总裁判长，所有的标准均由我制订，如果不出去观摩，很快就会落伍，自身的技能水平退化很快。每次出去观摩，确有长进，紧跟潮流，从世界各国选手那里学到前卫发型。事实上，选手经历千锤百炼，自身技术素养不一定比教练差。

积累了一定的知名度，平时接待的剪头发的人，从省市领导、商界大佬、医院科室主任到写字楼白领、快递小哥、网吧管理，三教九流，形形色色的人都会托关系找我。曾经有位领导对我说：“阿龙，做美业圈子太小，什么技能大赛总教练，好多人听也没听过这个头衔。”言下之意，动员我改行，不少企业给我股份，鼓动我参股开发一些美发相关产品，代言美发品牌形象大使，捞取大把大把的真金白银，后半生日子不用担忧。除了诱惑，还是诱惑。

当时，创业下海成为风潮，打第一桶金成为时尚，人人都在争吃“螃蟹”。

参加世界技能大赛，虽说是小奥林匹克运动会，但毕竟与举国体制的体育项目不能等同，不可比拟。训练基地条件艰苦，这几年，各方面条件有了明显改善，国家希望通过这类赛事，营造全社会重视技能人才的氛围，带动年轻人学技术。国家之大，两院院士、科学家、医学家毕竟是极少数，现代化强国需要各行各业顶尖人才，引领领域内的从业者励精图治。只有这样，国家才有希望，民族才有未来。

任何事情，坚持很重要，要守初心。既然热爱美发这份职业，尽管常被视为小众、不起眼、档次低，但是，始终如一地坚持做好，就会赢得应有的经济效益与社会商业价值。我今天的成功，毋庸置疑，也是坚持的结果，归功于国家重视我、地方政府重视我、行业上尊重我。这些年，通过与专家团队共同努力，培养了 50 余名国家级、世界级美发赛事冠军，推动一大批优秀技能型人才脱颖而出，让中国美业真正走向世界，也激励着全国 3000 万美业从业者，立足岗位，奉献青春年华，为国家社会经济发展贡献自身价值。

问：中国美发是世界技能大赛国家公布的首批参赛项目。那么培养一个优秀选手，一般需要具备哪些条件？

吉正龙：中国从事美业的人员，几乎清一色都是年轻人，一般文化水平不高，普通高校招考分数高的不会进职高，眼下不少 90 后、00 后初高中毕业，吃不起苦，又不想当普通劳动者，跑到大城市学美发的偏多。从基础层面说，学美发 5 个月称为合格，没有 5 至 10 年的艰苦磨炼，成不了优秀发型师，这中间没有捷径可走，只能老老实实学手艺，走匠人匠心之路。

美发是美学的重要组成部分。美发是一门手艺，也是一门艺术，如果缺乏一定的文化基础、丰富的想象力，甚至对美发专业理论的解读都很困难，那就很难有所提高。与此同时，从业人员还需善于在生活中获得积累，细致入微地观察消费者对审美情趣的需求，懂得商业服务模式的转型……

我国对职业技能比赛越来越重视，各省份也纷纷重视起来，只要有比赛，就会把美发项目列入其中。世界技能大赛，中国已经参加了六届。第一届全国职业技能大赛于2020年12月在广东省广州市举办，2023年9月，第二届全国技能大赛将在天津举办。我们经历过国际、国内赛事，在选手选拔、管理等诸多方面积累了一些经验。美发师、发型师在岗人员不少，是个庞大的就业群体，发现好苗子，一般考虑推荐作为参赛选手，提前2至3年着手进行针对性训练。目前主要通过行业协会技术比赛、职业学校美发专业技术比武来发掘人才。中国商业联合会、中国美发美容协会每年举办职业技能竞赛，也会与各省市区人社部门共同举办一些专项比赛。全国职业技能大赛的前五名选手、全国美发美容行业职业技能竞赛（全能）前三名选手获得“全国技术能手”称号，享受户口落地等政策，使得参赛吸引力骤增，关注度越来越高。2022年，上海、浙江、江苏、安徽三省一市总工会联合举办长三角地区三省一市劳动和技能竞赛，吸引了一万多名职工参加，美发女子项目列入比赛名册。

全国性美发技能竞赛、省市区级等高频次、多层级的比赛热潮涌起，为不拘一格地发现人才、培养人才，及时挖掘有潜质的拿牌苗子打下了坚实基础。体制、机制日趋完善，形成全社会重视技能的社会风尚。

培养优秀选手，不是一朝一夕的事，急功近利反而适得其反，竞技体育是这样，技能比拼也是如此。冰冻三尺非一日之寒，我的恩师蔡万江先生 50 年精雕细琢，名扬天下，成就了美发“大家”的美誉。他长年累月地锻造“绝活”，工匠精神在他身上体现得淋漓尽致。

在我看来，作为世界顶级赛事，世界技能大赛设定了技能领域的最高标准，比赛内容有着“不合理”的超高难度，挑选的不仅仅是精英，更是精英中的精英。

美发项目具有比赛时间长、强度大、规则细、技术难点多的特点。我们探索出“多层融通”的日常训练体系，将体能训练、技能提升、职业素养培训、心理辅导、英语学习的训练内容融入全天训练中，形成“五位一体”的训练模式。

平时在理发店剪吹烫，与参加国内顶级技能比赛、世界技能大赛有区别，后者考验美发师全面的技术把控能力、对命题的思考解决能力。工位只有选手一个人，教练又不能在旁辅导，全凭选手个人的意志力、心态、判断力、熟练程度，说到底，全方位考核一个选手的综合素质水平。2021 年全国职工技能大赛美发项目在江西举办，理论题就有 400 道。如此大体量的理论题，平时如果缺少积累，考前再不花大量时间背读，理论考这一关就通不过，实操再完美，总分还是拉下了，上海话里的

“跷脚”说的就是这个意思，最终也会与奖牌榜无缘。

国家队在选拔优秀选手苗子时，非常注重“苗子”内在的政治素养、文化水平、忍耐力、理解力，然后是手势灵敏度。

首先要热爱美发，专注、专心做这件事，学习态度饱满。让我感触比较深的是，上至人社部、行业协会，下到地方政府、职业院校，都非常重视人才梯队的培养建设。第43届世界技能大赛我们载誉归来，选手的作品在中南海展示，对我们一线工作者是极大的精神鼓励。技术无止境，唯砥砺前行，才能成为人才。虽说隔行如隔山，但共同培养出类拔萃选手的初心是一致的，奔跑在“中国梦”、强国梦的奋斗赛道上，中国美发国家集训队始终虚心向中国乒乓球队学习，以他们为标杆，注重队员思想素质、爱国情怀、技能报国的理念培养，虚心学习他们敢于挑战的战斗作风。为此，教练组、专家组与基地保持团结协作，高效率的工作氛围，也为选手早出成绩提供了很好的基础性保证。

不论是入行才几个月的，还是做了十几年的美发师，都要用标准化流程完成操作，日复一日，手上功夫日趋成熟，为今后职业资格考级、技能提升储备能量。职业是一份坚守，技能更需要传承。

问：世界进入数字化时代，互联网、智慧城市建设势在必行，美发作为古老的工种，是否会往元宇宙方向发展？

吉正龙：我出生在扬州，扬州包子有百年历史，名扬海内外，全手工包出来的包子与机械化生产的包子，带给消费者的口感完全不一样，接受程度大打折扣。美发这一行，我干了40多年，亲身体会到它是一门手艺活，目前或者较长一段时间里，很难变成用现代化机器装备为顾客服务。

时代在变，理发从业者的称谓也随之发生变化，过去叫理发师，后来叫美发师，进入新时代，被称为发型师，与世界接轨。叫法只是一个符号，关键是要把手艺活做到一丝不苟、精益求精，满足人民群众对美的向往，才是美发的本质。

美发不是简单的把长头发剪短，而是融入了美学的方方面面，能适合大众审美情趣。我曾经研究了一个阶段的色彩学，发现亚洲人特别适合染发，改变形象，不仅显得年轻，而且洋气。央视新闻联播里的女主播，亿万观众眼里的“国脸”，女主播偶尔会对头发进行微调，不夸张，颇有朝气与端庄感，体现中国元素。美发与服装不同，尤其时装很多是商业行为，巴黎时装周享誉全球，展出的服装很多时候只适合T台走秀，以观赏为主，又有多少人能穿着走在马路上？那是表演，不是生活。

美发则是刚需，发型要适合普通大众。走进美发公司的顾客，年龄、头型、发质不同，脸型不同，发际线高低不同，头发粗细、生长都不一样。

我认为相当长的时间里，依然需要人工美发。

问：吉指导，注意到一个细节，您在基地集训队，技术上严格带教，生活上周到关心，久而久之，您手下的那一批批学生，在技能竞技场上争金夺银，成绩斐然，成名之后，他们的职业生涯、政治仕途发展非常顺利。相比之下，一些传统体育项目的运动员退役后，个人职业发展似乎没有技能选手那么风光无限，这说明什么？

吉正龙：运动是吃青春饭，技能越老越吃香，本质上有区别。我长期与参赛选手聚在一起，过着集体生活的日子，朝夕相处，就如同他们的家长，千方百计关心他们，书法大家启功先生曾说过："信有师生同父子。"

想起初中毕业后学开拖拉机，如果长久做下去，可能就是一个"伤疤"，如果父母亲执意不让我到杭州，我可能会成为一个整天拉货抽烟的小混混，也许父母会感到很受伤、很无奈，不能满足他们想要我在农村"出人头地"的期盼。但是，命运对我很眷顾，在我觉得没有多大希望时，我所到之处，遇到很多人对我很好，表扬我、处处关心着我，他们让我的内心得到抚慰。正是这种安抚，让我对别人的宽容善良、对这个世界抱有希望，内心世界不被黑暗灌满，一直有亮光。

很多时候，我带教很严格，论年纪他们可以做我的儿女，我甚至有时候火冒三丈，一般人受不了，可为了出成绩，不得不这样做。我想把自己长久积累的经验尽快传授给他们，他们以灵巧、智慧、奋斗的姿态协助我、维护我，当他们取得成绩，总是说师父的功劳，总是处处在衬托我。然而，喜怒哀乐尽写在我这张老脸上，有时候和大家开开玩笑，说点俏皮话，活跃队里的气氛；有时他们说我像慈父，关爱着队员们的每一天，大家相处得快快乐乐。

作为总教练，教练团队的一言一行，都在无形与有形中传达给选手。参加世赛历练了孩子们的心理韧性和复原能力，牢固树立国家荣誉感，坚定了社会主义核心价值观。沉浸式的思想政治教育，潜移默化，耳濡目染，减少了他们的浮躁心态，每天、每月、每年循环往复，为他们今后人生道路埋下了希望的种子。

从选手进基地的第一天起，正能量教育就开始了，一步步培养选手如何提升自己的思想品德、社会公德心、谦虚好学的品质，即使不少选手没能获奖，但是真正学会了做人做事的本事，养成了不怕吃苦、拼搏进取的习惯，获得了风清气正、无私奉献的职业素养。他们的职业发展前景明朗，很多学生在航天航空、智能制造、汽车、生物医药等行业找到了合适的岗位。在我带的这些徒弟中，聂凤、王芹已经是全国青联委员，据我所知，只有乒羽中心、举重队、跳水队获得世界奥运会冠军的个别运动员，才当选为全国青联委员。从亚洲发型化妆大赛、世界技能大赛、国家队选拔赛征程中走过来的徒弟——获评省部级劳动模范、当代工匠、五一劳动奖章、道德模范，成为人大代表、政协委员，加入民主党派等的有 30 多名；留校任教的也有多个，他们在光荣的人民教师岗位上教书育人，聂凤现在是重庆五一职业技术学院教授，石丹获得中国五四青年奖章，同时她们享有副高级以上职称；再如江苏省级非物质文化遗产传承人赵兵，掌握“七十二刀半”的绝活，也是位“全国技术能手”获得者。

无论是竞赛体育还是技能竞赛，都代表了当代中国体育运动、职业技能的高水平，要找准他们的成长切入口，提前规划布局。尤其是技能界，光有优良的技能素养、不俗的技能比赛成绩还远远不够。八千里路云和月，青年人生活路程很长，确立奋斗理想，树立技能报国、国家利益至上的信念，坚持艰苦朴素、一辈子为人民服务的道德观至关重要，两者俱备，共同谱写青春的华章，人生出彩指日可待。

中华儿女多壮志，十几年来，集训队、大师工作室形成了团结友爱、尊师爱徒、奋发有为、劳动光荣的浓浓氛围，打通了培养新一代高技能人才的黄金通道。技能与精神传承，在师兄弟姐妹们中间像滚雪球一样越滚越大，大家每一分努力都会有倍增的回报，都会在社会大众面前表现出来。

问：这些年来，你在世界技能大赛中国美发项目总教练的岗位上做得有声有色，成绩斐然，很多人把您尊为“吉大师”。您在徒弟中有很高的个人魅力，尤其是很多徒弟相继在全国各地开了美发品牌连锁店，有的做全能美业，包括美发、美容、医美；有的专做美发，业精于勤，不受疫情等影响，逆势而上。相比之下，社会上有些曾经请您去讲课的名气很响的企业却一直在走下坡路，也有的美业公司举步维艰，这又是为什么？

吉正龙：我担任了六届世赛美发项目的总教练与专家组组长，得益于领导信任。第一届由商业部组团，后来是劳动部，国务院机构变更后，我们这一块工作由人社部主管。不管如何改变，管理机构还在，管理属性存在，领导总希望有一个懂业务的教练持续负责这项工作，取得好的成绩，我们之间建立了友好的合作关系，为了一个共同的奋进目标——把中国职业技能水平推向世界顶峰，驱动中国美业奔跑式发展。如果世赛技能成绩一般、口碑不好，领导也难免面临换“帅”的选择。

我三番五次对徒弟们说，做好自己，固本强身，创业难，守业更难。美发企业大部分是非公企业、两新组织，把美业做起来不能飘，切忌浮躁，克服很多时候不健康的心理作怪，兢兢业业做好企业，是美业人不变的价值与追求。

本原上，美发公司与国有控股、国家关注的创新型、高附加值、有社会影响力的企业有所区别，后者成为改革发展、社会经济增长的引擎，城市经济社会发展的排头兵与先行者，中国式现代化发展的支柱产业，国家必然给予重点扶持，绝大部分企业贡献给国家众多创新成果。美发企业基本上属于个体经济，一旦有风吹草动，不可能让政府来养活你，这就逼迫从业者励精图治，始终守住初心。企业口袋里有钱，财富不断地积累，底下的员工自然而然尊重你，奉你为“老大”，团队力量强大，自觉融入城市生活高品质服务。倘若企业资金链断裂，公司账户上没钱，管理混乱，生意冷清，处于山穷水尽恶性循环的境遇，企业员工基本收入都无法保证，导致人心背离，这种危机教训层出不穷。我们有个别徒弟开了几家店，生意也一般，却平时这个活动、那个活动，游山玩水，这样下去，员工的心态迟早会发生变化，他们会怎么想？还有个徒弟，花费 100 万元参加了一个艺术类的国际美发竞赛，美国、欧洲到处跑，简言之，无非走了几个国家而已，即使拿了冠军，但是非官方机构承办，与国家重视支持的行业职工技能教育毫不相干，企业一点获益都没有。想过没有？ 100 万元利润不是产值，是员工一刀一刀剪出来的！如果把 100 万元用于员工培训，帮助他们技能考级，获取职业等级证书，或者提高员工福利，或者捐资助学，办个希望小学，再或者用于资助大学生创业，等等，就走到正路上了。此事，被我狠狠地教训了几次，现在他们转轨变道，企业按下发展的加速键。

作为企业经理人，竭尽所能把基础打得扎扎实实，在做好自己的基础上成就他人，多做些社会公益事业；不断提升服务能级，倡导健康向上的社会商业道德。比如，逢年过节不涨价，不涨价就是社会诚信、企业诚信。

前几年，国内一家名气很响的连锁美容美发企业聘请我去上课，我去了一次，第二次就坚决不去了。为什么呢？他们把套卡金作为吸引顾客的主要手段，甚至规定两个月内顾客卡金必须用完，不断地挖坑设套，诱导客户踩雷，这样的企业价值观出了大问题，大大缩短了企业全生命周期，社会上的信任度越做越差。

因此，做成一家优质的老百姓家门口的美发公司，每时每刻提醒，做好自己，利益他人，居安思危。我从事职业技能教育，有义务、有责任把这些道理与徒弟们说清楚，该批评的批评，该表扬的表扬。上海潘多拉公司有几句格言，“听党指挥、服务至上、技能为本”“一群人，一个梦，一起赢”，颇有时代气息与文化内涵。

问：美发人生，可能是对你比较恰当的总结，带领中国美发事业走向世界，凝聚着你对工匠精神的深刻解读与实践。如何借助世赛平台，甘做“人梯”师者，培养更多年轻人在美发上精益求精？

吉正龙：投身世赛，12 年征程，风雨相伴，砥砺前行，匠心始终是我的价值追求，带领选手为祖国争得荣誉，向世界展示中国美业人的风采，是我人生最大的幸福。

在平凡的岗位上，美发师用自己的聪明智慧、勤劳双手服务客户，推动行业进步，同样可以谱写一曲新时代奋斗者之歌。

星光不负赶路人，时光不负有心人。为了我钟爱的美发培训事业，我愿意毕生全心付出！

问：美发的本质是什么？如何看待美业面临着的市场

挑战？如何让美业在潮流与传承中重生，回应人民群众对美的向往？

吉正龙：美业向何处去？这是当下美业从业人员所关心的问题。三年疫情防控，凛冬过后，必星河长明，美业真正走向属于它本来的文化：贴近生活，服务百姓，技术赋能，价格亲民。连锁品牌直营店、加盟店服务对象不仅仅是青年人，中老年人群也值得关注，服务面要更广，企业经营者坚持诚信为本、技术引客，这是美业的商业属性和社会属性。面对困难与压力，走正道、拿出真本事，歪门邪道只能走进死胡同，佛教偈语有云：得失从缘，心无增减。

美业的本能是什么？——不甘沉沦，心向璀璨。一如大城市拥有“大气谦和”的城市底蕴，一如新一代发型师具备的顶上功夫和精益求精的职业精神。知之愈明，则行之愈笃，希望通过技能大赛平台，坚定推动社会技能人才走向巅峰，回归美业的本来面目。做任何事，不仅要外化于行，更要内化于心。这些其实与技能大赛有着关联性。世界技能大赛的目的在于使全社会营造人人学技能的良好氛围，促进美业企业健康、可持续性地发展，也为我国职业技能在世界提升地位提供良好的基础条件，更好地践行“城市，让生活更美好”的理念。

采访结束后，我感悟良多：吉正龙，一个美发师，有着理发世家的背景，凭借着个人出众的手艺天赋，成功打造出一支美发天团，原本就令人惊叹！但是当时的杭州，一座旅游文化城市，重文轻理，与宁波、苏锡常、大上海、武汉、天津这些大城市相比，无论理发业、娱乐业还是工业化，都无法相提并论。扬州拥有千年理发文化，传播至东南亚、内陆沿海城市，而杭州美发人才凤毛麟角。综合看，杭州不占区位优势，吉正龙要闯出一片天地，可谓难上加难，他40多年在“天堂”打拼，形成了独一无二的吉氏美发风格，获得“中国美发大师”桂冠。他很好地将客户服务转化，看似是商业价值关系，被他巧妙地化为人际交往“情感链”。随着时间的推移，这种“链”越结越牢固，抓住了人本之上的特质，满意的服务、得体的举止、高超的技艺，顾客自然而然多了起来，找他剪发的人倍数递增。就像当年的电影《小小得月楼》、上海滑稽戏《满园春色》风靡江浙沪，服务成为中心词，笑脸成为表情包，往往一张笑脸，留住无数回头客。

吉正龙没有亮眼的文凭，但他对顾客的心理摸得特别透。他以手艺起家，无论在哪个年代，“技能 + 服务”都是商业服务业不败的底色。起初他自主创业、几次开店关店，不是客源、技术问题，而是杭州对城市总体规划布局的变化，原先找的那些闹市区门面房首当其冲被拆除改造，也算是见证了杭州新一轮的城市建设。

老顾客还在，手上功夫还在，天涯何处无芳草，吉正龙敏锐地察觉，私人开店虽一时温饱富裕不成问题，但长久来看，必须要有战略性眼光、独特的思维方式，多维度找寻商业新发现。他创办美发美容培训学校，尤其是与拱墅职高合作，“搭伙”过日子，这一小切口，为他后来跨越式成长、发展，提供了难得的路线图与蓄水池，悄无声息地等来属于他的更宽广的舞台——世界技能大赛。在这个大舞台，他理所当然属于美发男一号，唱念做打、全套十八般武艺信手拈来，着实让观众百看不厌，常演常新。世界技能大赛，成为他走进舞台中央，演出“全本”的机会。这时候的吉正龙，成为一个出色的演员，更像是一个出色的导演，他与组里主创人员同甘共苦，夙兴夜寐，紧扣世赛重大题材，一幕接着一幕地导，越导越光彩夺目。

命运垂青勤奋人。世赛对中国而言，起步较晚，国人对其了解甚少，当国家真正重视，组织代表团出征，作为不起眼的美发项目，竟然为中国代表团第一个扛起奖牌大旗，打响了技能强国的第一枪，这为吉正龙稳坐美发项目总教练打下坚实的基础。反过来，当地政府、人力资源部门重视技能人才培养，历任领导对吉正龙的工作欣赏有加，被他重情重义、低调厚重的人文情怀所感动，处处为他提供机会、搭建舞台，鼓励他独当一面，创新工作。

国内美业界顶流，懂得经营管理的能人大有人在，为什么暗落江山？不是因为年龄、能量、财富问题，而是缺乏吉正龙身上的元素，即缺乏知行合一、服务至上的价值判断；缺乏政治上的敏锐性；缺乏对技能报国的专注与热情。所以，吉正龙能站在政治、历史的高度，洞见事物的发展规律，保持旺盛的工作干劲，倡导“革命理想高于天”的底气与韧性。这些在美业人心中早已成了“出土文物”，他却把红色基因作为教学与训练的制胜法宝。如此手势，不出成绩才怪！正如其弟子，“全国技术能手”陈平所言：“师父做的一切，利于党，利于国家、民众与个人。”四位一体，恰恰代表了长时间的社会主流民意，一旦国家需要、顾客需要、社会认同，就能水到渠成把事业推向成功。

吉正龙常言：感恩党与好时代，给予自己施展才华的机会。此话不假，不是空洞乏味的政治套话，而是40年来作为美发师，带领选手出征世界技能最高竞技场独领风骚，而发自肺腑的心声。国家与社会赋予他如此“权力”，他考虑更多的是如何更好地为国家服务。为此，他要付出比常人更多的无法想象的艰难，舍小家为大家，心无旁骛，将国家荣誉感深入骨髓。

“带上几个人，拿奖牌归来。”在吉正龙看来，十余年世赛，中国人在美发项目上获得6块金、银、优胜奖，虽是沧海一粟，但荣誉背后的巨大辐射力，照亮了几千万美业人前进的路，不仅能提升行业乃至全民族重视职业技能的认识，而且赋能城镇化发展，注入中国式现代化烟火气。吉正龙的大局观、政治观、义利观，成为中国美发“梦之队”的精神底色，也是中国美发走向世界、展现发展中的百姓对美的期待向往、传承创新中华传统文化的力量所在。

我与吉指导的交流意犹未尽。长时间与美发相伴，他工作的训练房里放满了各种模头，琳琅满目，令人目不暇接，犹如走进美发王国，与历史对话，与现实对话，在历史与现实语境中，感受美发映射出的人们对美好生活的向往。

走出集训基地，径直来到西湖，岸边十里花树灿烂，让人流连忘返。湖面上，荷叶像害羞的小女孩，都低下脑袋，躲藏了起来。待明年，东风吹遍保俶山，繁星满天岸。

# 第十六章
# 美发随想录

偶尔见到一个英俊小伙，长着一张明星般的面孔，今年才15岁，头发染成了亚麻色，他觉得这样的颜色提亮了自己的肤色与气色。他告诉我，太爱美发这件事了，每天起床后的第一件事就是梳妆打扮，把头发打理得井井有条。他觉得头发是他生命中举足轻重的一部分。我还看了几条有关美发的段子。看来，美发不仅成为不少年轻人的“头等大事”，而且还有自己流畅劲足的语言。

优秀美发作品会令人感到美丽、轻松、减龄，但没有一件是轻浮的。经过十几年的发展，城市商业服务业随着时代潮流发生变化，很多时期的经验经过漫长的发酵，吉正龙的个人认知也有了拓宽与成长。

洗吹剪、染烫护是发型师的看家本领。

一个发型，犹如一幅作品，色彩是锦上添花。对色彩的感知，总是很主观和很个人的事，通常来讲，浓烈丰富的色彩带给人欢快的感觉，仿佛龙腾虎跃，锣鼓喧天；冷色调则深沉内敛，好像有人在月夜浅唱低吟，散发着淡淡的忧伤。色彩这个词，本身就写出作品里的音乐性，犹如音色表现出来的音乐里的画面感一样，不管是一个发型还是其他形式的艺术。如果能在调动人的各种感官的同时，触动到人的心灵，让顾客在欣赏自我的过程中，或喜悦或感叹，那么，美发作品就可以算是成功的吧。就像吃饭，也是色香味俱全，才可称之为美食。

当然，好坏成败本来并没有一个统一的标准。

同样一个发型，不同的人，引发的感觉也不尽相同，因人而异，每个人自我评判，感受不同，在快乐的时候，整个世界都是五彩绚丽的，即使糟糠也仿若珍馐；而在不愉快的时候，再动人的良辰美景也会跟着黯然失色。

爱美的人越来越多，老阿姨喜欢吹大花，老上海味道；年龄小的，喜欢长波浪，时尚。

二月二，龙抬头，古人把天上星象分为二十八组，东方“苍龙七宿”，像一条龙，冬天隐没在地平线下。农历二月初，头部开始露出地平线，这就是“龙抬头”。沉睡中醒来的龙，行云布雨，那贵如油的春雨，不是稀少，是滋润一切。

无论吉正龙在国家队集训基地，还是在开设的大师公开课上，大师的手艺，一刀多变、一吹多款，“绝活”展现得淋漓尽致，动作又快又好。

吉正龙回忆道：当初，自己的快手能快到客人还没什么感觉，发型已经做好了，客人很惊讶，问：“结束了？”他回答：“OK了，好头！”（扬州方言：好的）于是乎，拿出后视镜子让客人看一下，顾客端详片刻，满意地点了点头，喜出望外地走出店堂，特别是男顾客，都很吃惊：“这么快，好了？”

“好了，不满意，再做！”吉大师调皮地笑了笑。

“满意。”男顾客站起来，付钱时笑着说了句，“吉师傅，又快又好。”

最近白领写字楼里靓女来找吉大师多了，原因是刘海发丝明显减少，不自信，去商场专柜买几千块钱的假发，天冷时戴着可以，可是到了夏季就苦不堪言。大师灵机一动，吹了一个前瞻型波浪，解决美发困惑，犹如烫发，颇有蓬松感。2023年早春二月，天津中国残疾人技能大赛命题专家组会场，见到一位年轻聋哑人，热情为与会者分发文件材料，衣着端庄大方，一头酒红色的染发，在寒冷的天气里很是抢眼，青春洋溢又清纯可爱。

会议结束，走出会议室，吉大师笑着与小帅哥迎面做个无声问候的手势。

“男生挑染效果挺好的。”我不经意地说道。

“挑染如今被年轻人热捧，随着男生们对潮流的追求变高，挑染也成为男生在染发中的大势，看起来悠闲且自由。”吉大师边走边说。

吉大师认为，不是所有男生都能接受全头染，所以挑染成为进入染发世界的敲门砖，选择低调的发色和特定的发型，还能让染发效果若隐若现，更适合喜欢潮流又比较低调的男生，染完头发最怕的就是褪色，或者剪短之后变成可怕的布丁头，就会十分尴尬。挑染则完美化解了这个问题，甚至在褪色过程中，会出现不一样的惊喜效果。比起相对死板的黑发发色，挑染除了能在视觉上增加亮点，还能在造型的时候增加发型的层次，效果比染整头还要好，在光的照射下还会透出淡淡的光泽，提亮整个人的肤色及气色。

2023年3月5日，是学雷锋的日子，浙江卫视做了档现场直播，男主持人当场请吉老师为其做发型展示。吉正龙用发胶在他头发上喷了几下，用手不经意地三上两下揉动，又用电吹风边吹边做造型，一两分钟时间，男主持人立刻拥有了一款时尚、新潮的发型，看起来更精神、更有活力了。

吉正龙说了一件事：有位全国人大代表，平时染发，发现发根皮肤过敏，2023年赴京参加全国两会，出发前找到了吉正龙。他给这位代表做了暂时技术处理，采用泄纸包起来，再进行染发，技术本身含金量不高，但是如此处理，经济实用，也带来很好的效果，否则焗油后皮肤过敏，坐在会场内，那就太难受了。

美发这点事，学问大着呢！吉大师功力非一般美发师可及，创新者一般都是高手。

“进来的是路人甲，出去的是大咖明星范，在哪里都是妥妥的fashion主角。”

美发是技术，发型是艺术，世界技能大赛为中国美发打开了一扇窗。随着互联网的发展，顾客通过抖音、小红书等平台，了解了很多时尚新潮的发型，并一路追风，这也为发型师提供了无限空间，让他们成为市场的宠儿。

打响上海时尚品牌，美发师为上海时装周做定妆

潘多拉昆明店有个发型师小成，在吉正龙大师工作室，与北京电影学院的老师（吉大师工作室也是北影招生与培训基地）探讨影视作品人物发型设计。

据了解，小成在发型上精益求精，善于创新，独具想象力，学习发型设计造型6年，把所有的精力用于理论与市场研究，了解海派美发，他专程到上海车墩影视基地，走访老上海历史陈列馆，拜访百年理发老店，专攻巴黎画染，今年已设计了十几款颇具欧美风情的潮流发型，设计灵感大多来自网络、画报、影视作品。他也善于从街头巷尾获取素材，捕捉市场亮色，擅长模块化发型，赋能美的传达。他每天都在创作，把作品推送到互联网，由此吸引了众多顾客。他围绕公司品牌定位，注重创新与技术，以顾客的需求为导向，在顾客中做出了良好的口碑。

在上海，我见到了小成。他年仅22岁，却显得精干老练。我与他有过这样一次对话。

“巴黎画染是一个什么样的概念？”

小成回答：“它是从欧美引进的一种叫法，国内有水墨染。巴黎画染属于渐变式，发色由深至浅，长头发，欧美风，生活中老外那种感觉，具有时尚、减龄、个性、张扬的特点，其中也有中国文化元素，主要面向年纪较轻的消费群体，目前，预约量蛮大的。”

“发型设计潮流变化与社会发展有何关联？”

“社会物质生活水平提高，人们对美的追求就更高。作为发型师，只有不断地学习与创新，同时注重中国人普遍健康的审美观，注重质的提升，这才是核心。我们要利用互联网平台，传播积极向上、健康美丽的美发时尚潮流，提升百姓精气神，这是我们美业人的初心。”小成如是说。

# 第十七章
# 吉正龙与他的世赛情愫

世界技能大赛，吉正龙在这个充满挑战的舞台上，演绎精彩夺目、令人叫绝的华丽乐章。从起初像风像雨又像梦，切换成胸有成竹、点石成金、风华正茂的勇士。天津职业技术师范大学世界技能大赛中国（天津）研究中心研究员张瑞博士，两年前参与编著我国第一本世赛研究性文献《中国世赛十年》，其中对美发代表队十年世赛进行了梳理，理论与实践结合，进行创造性研判与论证，对总教练吉正龙在团队中率先垂范、发挥引领作用有翔实的叙述。这本书我看了不下5遍，在这基础上，补充一些题中之意尚未涉及之处，即吉正龙的“世赛”情愫：这里有一个农民工，入行40年，深耕美发项目冲顶世赛的执着；这里有严谨、坚守、创新、格局，吹响中国美业参加世赛集结号，历经千辛万苦，让中国美业人扬眉吐气。这张“世赛”老面孔，对世赛的执着，到了无法自拔的地步，正如他自嘲，夜深人静，睡梦中隔三岔五还会梦到训练与比赛。

美发，值得一切美好的事物。

美发项目贴近生活，易于理解，观赏性强，在历届比赛中都拥有极高的关注度。

按照世界技能大赛美发项目《技术说明》的描述，美发师的工作性质是在商业领域，属于服务行业，主要是为客户的头发提供系列的服务和处理，包括剪发、染色、造型、化学定型、化学改善和特殊的头发处理。除此之外，工作的组织与管理，沟通和对客户的关怀，分析头发的类型和条件，并根据产品制造商提供说明书进行安全操作，都是优秀的美发师应具备的能力。同时，美发对于保持个人自尊与提升自信方面有着重要的作用，而且有助于缓解客户病情，并帮助病情恢复。美发师的职业发展前景广阔，包括大、中、小型或者流动的发廊、客户家中、产品企业、培训机构，专业演出团体、剧场及影视剧制作场所等，对于杰出的美发师而言，还有很多商业和国际化工作的机会。

美发项目是一项着重考察审美、创意、操作能力和服务水平的项目，它对选手的技能操作水平和专业知识储备、审美及创意、沟通交流、交付能力、管理服务水平等综合职业素养都有着非常高的要求。特别是由于美发师工作对象的特殊性，错误往往是不可逆转的，因此每步操作都非常重要。只有严密注意安全工作，才能维护客户的健康和幸福感，制作客户满意的发型，达到令人满意的服务效果，并保持业务的增长。因此，一名合格的美发师不仅要有专业化的自主工作能力，还要保持持续的、高度的责任心，并了解不同的发型、文化、最新的时尚潮流。这也反映了世界技能大赛的标准和定位，随着更多富有天赋的选手的加入，与美发相关的技能将更加多元化并不断带动全球美发业的发展进步，这些理念集中体现在吉正龙教练团队的日常训练中。

### 美发项目入赛，凸显“冠军相”

从2011年第41届世界技能大赛到2022年第46届世界技能大赛特别赛，美发项目是我国参赛十多年的六大传统项目之一，也是最早参赛的社会与个人服务领域项目。自第41届世界技能大赛起，美发大师吉正龙就因高超的专业水平和丰富的技术指导经验被遴选为美发项目中国技术指导专家组组长，带领美发团队，开启了世界技能大赛的征程。十余年间，美发项目代表我国参加了6届世界技能大赛，共获得2金、2银、2个优胜奖的成绩。

参赛十余年，每一枚奖牌都是一次自我挑战、自我超越的奋斗历程，每一次拼搏都凝结了美发项目团队所有成员的艰苦努力，见证了我国美业与世界技能大赛美发项目为代表的国际美业的融合发展。美发团队始终保持了踏实严谨的备赛态度，科学合理的训练思路，顽强拼搏的比赛精神，积极应对比赛中出现的变化，不断总结经验，取得了优异的比赛成绩，带动我国美业向世界迈进的步伐。

### 男儿当自强

第41届世界技能大赛，美发团队首次征战世界技能大赛。

初次担任美发项目专家组组长的吉正龙有着丰富的实战经验，他不仅是首位捧得亚洲发型化妆大赛发型项目冠军的中国人，而且培养和带领了众多选手在各种赛场上所向披靡。而这次站在更大的舞台上，他深知：代表国家，责任重大。虽然身经百战，拿到技术文件的一刻，吉正龙还是感到巨大的挑战：世界技能大赛美发项目太难了，无论是比赛时间、比赛内容还是评分方案，都和之前的比赛有着天壤之别。以往参与的美发项目比赛都是几个小时，甚至更短的时间，做一款发型，赛前设计好方案，做好发型的半成品，在赛场上再完成造型就好。而世界技能大赛美发项目比赛时间为 4 天，8 个模块，需要全面考核选手的设计、操作、服务能力。解锁这些难题的场景，吉正龙最大的体会是：实战是最好的老师，遇到模块之类的棘手问题，最考验解题思路和耐力，但一旦破题，能力便如滚雪球般积累，并且由此及彼。

为了准备好这次比赛，吉正龙投入了比之前任何一次都更多的精力，搭建专家团队，研究技术文件，组织选手选拔。毕业于广州标榜发型美容职业培训学校的祝青山成为第 41 届世界技能大赛美发项目选手。由于备赛时间短，项目难度大，对世界技能大赛缺乏经验，吉正龙的心片刻不能放松，紧锣密鼓地对选手进行训练。直到出征前，仍然充满忐忑。

2011 年 10 月 4 日晚，第 41 届世界技能大赛在英国伦敦开幕，吉正龙带领选手祝青山首次征战世界技能大赛。盛大的开幕式让吉正龙斗志昂扬，他相信付出了那么多努力，凭着中国人的智慧和勤奋，一定能在世界技能大赛的舞台上一展拳脚。果然，10 月 5 日的第一场比赛，祝青山精湛的技艺，就让其他参赛队的专家和选手对中国人刮目相看。接下来两天的比赛中，吉正龙仍然不敢掉以轻心，坚持赛后辅导选手训练到深夜，而选手也发挥稳定，一路领先。然而第三天，一个意想不到的情况发生了。由于长时间高强度的比赛，选手体力不支，出现了头疼的现象，无法坚持赛后训练。吉正龙有了不好的预感。这么多年，无论是他自己还是指导选手参加了大大小小不计其数的比赛，只有他最了解：世界技能大赛的难度和强度超过了以往一切比赛，对选手心理和体能的考验也是空前的。最终，虽然选手祝青山在第四天比赛发挥失常无缘奖牌，但仍然凭借前三天的发挥，获得优胜奖。

第 41 届世界技能大赛中国代表团 6 个项目参赛，共获得 1 枚银牌，5 个优胜奖。第一次带队参加世界技能大赛就获得优胜奖，吉正龙的感觉似曾相识，似乎有点像自己第一次参加比赛，那么远又那么近，有喜悦也有失落。世界技能大赛并没有想象中那么高不可攀，这次的问题主要在于选手体能不支，吉正龙认真总结了经验，暗下决心，下次一定要拿块奖牌回来。

### 芳华绽放彰显“她力量”

从英国伦敦回来以后，吉正龙就开始备战第 42 届世界技能大赛。虽然世界技能大赛每两年举办一届，但是他知道时间肯定是不够用的。从基地遴选，到专家团队组建，再到选手层层选拔，真正留给正选选手训练的时间并不多。同时，由于准备世界技能大赛占去了大量时间，吉正龙开始了紧锣密鼓的备赛生活。

第42届世界技能大赛，我国全面扩大了参赛范围，总共参加22个项目的角逐，第二次参赛的美发项目被寄予厚望，激烈的竞争中，来自四川国际标榜职业学院的胡已雪从全国选拔赛中脱颖而出，成为正式参赛选手。

有了第41届世界技能大赛的经验，吉正龙对世界技能大赛有了更为深刻的认识。如果说第41届世界技能大赛是摸着石头过河，第42届世界技能大赛便是有的放矢了。为了选手更好地参赛，以吉正龙为首的技术指导专家教练团队，在集训过程中加强了对选手技术的精细化指导，并增加了体能训练和心理辅导，还特意邀请了世界技能大赛美发项目的首席专家、来自澳大利亚的多娜女士进行指导。川妹子胡已雪对美有着天生的热爱，并且在四川国际标榜职业学院经过了专业学习，加之入选国家集训队后的科学训练，技术水平有了显著提高，在澳大利亚挑战赛中摘得美发项目冠军，这使得她和专家团队都大为振奋。

然而，这并不是终点。心理专家邬迪剑回忆，伴随着比赛的临近，吉正龙和选手的压力愈加增大。就在出征莱比锡的前一天，吉正龙还因为一款发型始终无法达到理想的效果批评了胡已雪。好强的胡已雪在经历了伤心、委屈甚至大哭之后，最终在教练马志伟的开导下，重新回到训练场，通宵奋战，高质量完成了这款发型。第二天，吉正龙又带着胡已雪马不停蹄地赶赴北京，开启了第 42 届世界技能大赛的征程。

这或许是中国的睿智，吸取上届比赛的经验，本届比赛中，吉正龙制定的方案更加科学化，指导也更为精细，而胡已雪则凭借着川妹子不服输的劲头、沉稳的心态、高度集中的注意力、有效的执行力，在赛场上近乎完美地执行了吉正龙部署的技术方案，展现了精湛的技艺。当柔软的发片经胡已雪的指尖轻轻一捻就延展成完美的艺术化扇面造型，外国专家们纷纷围观并不禁赞叹。而此时，吉正龙则只敢远远地观望着，生怕走近一步，就扰乱了胡已雪的比赛节奏。最终，胡已雪以出众的表现摘得了第 42 届世界技能大赛银牌。

第 42 届世界技能大赛中国代表团参加 22 个项目的比赛，共获得 1 枚银牌，3 枚铜牌，13 个优胜奖。美发项目用这枚银牌捍卫了中国代表团的荣誉，在所有项目中显得尤为耀眼、珍贵。对美发项目而言，这枚银牌更是意义非凡。

经过了第 41 届世界技能大赛的磨炼，第 42 届世界技能大赛的积累，吉正龙感到信心倍增，决心向着最高的领奖台冲刺。

第 42 届世界技能大赛的总结表彰结束后，吉正龙并没有沉醉于鲜花和掌声之中，而是立即着手第 43 届世界技能大赛的准备工作。一转眼，这已经是奋战世界技能大赛的第五个年头，不知不觉中，吉正龙生活工作的重心已渐渐完全转移到了世界技能大赛上。如果这仅仅是个普通的比赛，或许他也会认真对待，但绝对不会这么忘我投入。世界技能大赛带给吉正龙的是为国争光的荣耀，是年轻的美发师技能成才、技能报国的启迪和希望。这个舞台上，每个选手代表的不仅仅是他们个人，更是国家和民族。在他们的身上，吉正龙依稀看到了多年前那个背井离乡学手艺的自己，他希望有一天他们能站在最高领奖台，看着五星红旗冉冉升起。

第43届世界技能大赛，我国继续扩大参赛范围，参赛项目数从22个增加到29个。两次参赛分获优胜奖和银牌的美发项目被寄予厚望。经过更为广泛、严峻的考验，来自重庆五一高级技工学校的聂凤成为代表中国征战世界技能大赛的选手。事实上，这已经是聂凤第三次参加世界技能大赛全国选拔赛了。相同的比赛项目，不同的是选手个人的状态。经过前两次全国选拔赛和国家集训队的磨炼，聂凤的心智与技术都得到了极大的提高。这也给了吉正龙更大的信心和决心。

为了国家荣誉，吉正龙带领新一届的技术指导专家团队开始了对选手更为科学、严密甚至残酷的训练。聂凤知道成为代表国家出征的选手就意味着更高强度的训练，要拿出更好的状态才能无愧于祖国的嘱托。在2米乘3米的工位里面，聂凤日复一日，每天至少站着操作12个小时，一天下来脚几乎都是麻的。为了精练技能，晚上回到宿舍，她还要给自己多加一个训练模块，直至凌晨一两点才睡觉。魔鬼式训练持续近两年，没有寒暑假，没有休息日，甚至没有春节假期。长期的高强度训练使聂凤患上了腱鞘炎。2015年世界技能大赛前夕，吉正龙带着聂凤出征新西兰，参加大洋洲挑战赛。最终，聂凤克服长期训练带来的手腕伤病，取得了大洋洲挑战赛的银牌。这个成绩，给伤病困扰中的聂凤带来了莫大的鼓舞和勇气。

2015 年 8 月 15 日，吉正龙带着聂凤随中国代表团飞越大半个地球，远赴巴西圣保罗，代表国家参加第 43 届世界技能大赛。站在赛场上的聂凤，格外冷静，经过了 5 年三届冲击世界技能大赛的千锤百炼，她深深地懂得：只有战胜自己，才能战胜别人。8 个模块的比赛，聂凤沉着镇定，越战越勇，将日常训练所得发挥得淋漓尽致。伴随着首席专家一声倒计时哨响，聂凤完成了对头模发型的最后调整，用梳尾轻挑发梢，潇洒地喷上定型喷雾，动作行云流水，一气呵成，引得围观的观众一阵鼓掌叫好。

第 43 届世界技能大赛的闭幕式上，随着主持人一声“China”，聂凤身披国旗奔向领奖台，向世界宣告：中国选手夺得了美发项目冠军！为了备战世界技能大赛，聂凤参加了 20 多次美发比赛，磨损了 100 多把梳子，剪掉了成千上万个头模，剪掉的头发长度是从重庆到北京的距离，也是她从技校学生到世界冠军的距离。这是中国参与世界技能大赛金牌零的突破，也是亚洲国家参与世界技能大赛美发项目几十年首次夺得的金牌。中国美发人用实际行动实现了用技能闪耀世界的梦想。

第 43 届世界技能大赛中国代表团 29 个项目参赛，共取得 5 枚金牌、6 枚银牌。包括美发项目在内的 5 枚金牌，无异于当年许海峰在奥运会中金牌零的突破。吉正龙深深知道这其中包含了多少人的努力，赛前付出的一切非常值得。

载誉归来的美发团队受到了国家和各级人力资源和社会保

障部门的表彰。在一片欢欣鼓舞之中，第44届世界技能大赛也拉开了帷幕，人们都信心满满，期待着美发项目能再创辉煌。然而2016年召开的世界技能大会公布了项目经理、场地经理、卓越评分试点一系列改革措施，这些变革无疑给美发项目带来了极大的考验。

面对世赛组织推出的一系列改革动作，吉正龙保持理性思维，沉着应对，知难而上，大胆应用备选方案，每个细节，事无巨细，部署相应对策。

随着我国实现金牌零的突破，第44届世界技能大赛全国选拔赛规模再创新高。来自杭州运河技工学校的王芹，在激烈的竞争中一路过关斩将，成为代表中国队参赛的种子选手。2017年6月，她还代表我国参加中国技能大赛（上海）并获得美发项目冠军。

吉正龙认为，变革是第44届世界技能大赛的主旋律，而美发项目的变化尤为突出。首先，命题方式的改变。由赛前公布试题改为第三方命题，现场开题。其次，评分方式的改变。由原来的盲评改为公开评分。再者，考核方向的改变。从注重对选手完成发型的结果考核转变为更为注重选手操作过程的过程考核。这就要求选手具有更高的职业素养、更好的操作习惯和更灵活的应变能力，在此基础上，还要拥有良好的发型设计能力和对时尚的感悟。“应对变革”是吉正龙所带领的美发项目必须迎接的挑战。为了更好地准备第44届世界技能大赛，吉正龙比以往的比赛投入了更多的精力，综合项目技术文件和世界技能大赛专家论坛信息，针对选手的操作短板进行针对性训练，将困难各个击破。同时，进一步扩大了对外交流的范围和力度，以弥补我国选手在理论基础和造型设计方面的不足。然而，一切都是在摸索中进行，吉正龙有时也会感到茫然，仿佛回到了第一次带选手参赛的时候。在这样紧张的训练氛围之中，王芹倒有点像小太阳。比起其他小伙伴，王芹也练得很苦，但她脸上总带着笑容。面对专家、教练的批评，她总是能很快地接受，不一会儿就高兴地去训练了。就这样，王芹一点点成长，技术水平和心态都慢慢成熟起来。对于即将到来的比赛，所有人都充满了期待和忐忑，等待着揭开谜底的那一刻。

2017 年 10 月 14 日，第 44 届世界技能大赛在阿联酋首都阿布扎比开幕。巨大变革之下的美发项目也揭开了神秘的面纱。尽管世界技能组织推行改革的意图在于保持各项目技术的引领性和竞赛的生命力，但是项目在具体的操作中，却暴露出不少问题。随着比赛的推进，变革带来的消极影响也逐渐暴露。在第 43 届世界技能大赛中打破了欧洲人传统优势的中国队成了对手们的首要竞争目标。吉正龙知道：变革，方向是对的，是好的，但是由于现场管理和评分技术漏洞带来的不公待遇让他愤慨和难过。

五天后，第 44 届世界技能大赛落下帷幕。王芹以第四名的成绩屈居优胜奖，未能如愿站上领奖台。那一刻，在场所有的团队成员都落泪了，可以说这是吉正龙带队参加世界技能大赛最低落的一刻，除了伤心，更多的是难言的委屈：这一次，我们输在了规则的漏洞上。比赛需要天时地利人和，缺一不可。而风云变幻的赛场上，机会又是给有准备的人，所以，我们能做的只有做更好的自己!

吉正龙回忆，相对于四年一届的奥运会而言，作为技能奥林匹克的世界技能大赛两年一届的节奏更为紧张，甚至来不及让人整理情绪。相比之前比赛结束后的兴奋，第 44 届世界技能大赛结束后，他的情绪是压抑的，却又得不到释放。

第 45 届世界技能大赛又是一个新的征程。吸取了第 44 届世界技能大赛的经验，吉正龙更加深刻地认识到：打铁还需自身硬。中国人要想在以西方审美为主导的美发项目中独占鳌头，并且保持优势，必须要达到完美的境界，而这一切还是要从日常训练的点点滴滴抓起。紧张的选拔训练当中，来自浙江运河技工学校的姑娘石丹脱颖而出，成为第 45 届世界技能大赛美发项目的正选选手，开始接受新一轮的魔鬼训练。

事实上对石丹而言，这一切已经轻车熟路。从 2014 年到 2019 年，5 年备赛，一周 7 天，早 8 点到晚 10 点，甚至通宵达旦，石丹曾经陪伴和见证了队友们一个个成长。第 44 届世界技能大赛全国选拔赛中，石丹曾以全国第一名进入国家集训队，又以第一名进入五强，但由于心态欠佳而与参赛机会失之交臂。这一次，石丹带着更加沉稳的心态投入集训，不再显得那么焦虑和心事重重，更多的是训练时的全神贯注和放松时的甜美笑容。在吉正龙和专家教练团队的指导下，石丹的技术水平稳步提高，先后在澳大利亚全球技能挑战赛和俄罗斯全国技能大赛

第45届世界技能大赛中国代表团入场

2019年，吉正龙与教练员团队和参赛选手等在第45届世赛期间

吉正龙等指导上海集训队参加第47届世赛天津国内选拔赛

等国际赛事中斩获金牌。面对成绩，大家除了欣慰，更加铆足了劲儿，虽然嘴上不说，但所有人都认定了一个目标：重夺金牌！

“2019 年 8 月 23 日，第 45 届世界技能大赛在俄罗斯喀山拉开帷幕，美发项目团队组成了强大的后援团来支持比赛。吉正龙和石丹在开场前以拥抱互相打气，这一刻，已经等了太久。4 天 8 个模块的比赛，惊喜接踵而来：试题中惊现曾经练习过的发型试题，再次抽中俄罗斯全国技能大赛的女模特，真可谓越努力越幸运！”聂风说。

北京时间 8 月 28 日，第 45 届世界技能大赛在俄罗斯喀山闭幕。中国代表团共获得了 16 枚金牌、14 枚银牌、5 枚铜牌和 17 个优胜奖，再次荣登金牌榜、奖牌榜、团体总分第一。石丹身披国旗站上最高领奖台，向世界展示了中国技能人的风采！中国美发再次用团结友爱、顽强拼搏的精神向世界证明：我们赢得回来！

仅仅过了几年，沈文青在芬兰夺得一块银牌。吉正龙朋友圈，有同行认真说了句：老吉手下弟子，阴盛阳衰，拿奖牌均为女性，可谓“女儿国里尽朝晖”。

专家点评粗中有细，意涵丰富，凸现吉正龙团队的别样性。

世界技能大赛规则发展变化的十年，也是美发项目巨大变革的十年。顺应世界技能组织所倡导的趋势，为了使比赛更接近于业界的真实环境，美发项目从考核内容，到技术标准，再到命题方式和评分方式都发生了极大的变化，这也给参赛者带来了新的挑战。吉正龙与天津世赛研究中心、人社部相关部门反复论证，共同提出围绕世赛，体现战略性思考。

考核内容的变化，从固定到灵活。较第41届而言，第45届世界技能大赛的考核内容更为灵活，去掉了男士前卫、女士竞赛的发型，而改为女士商业、女士T台、男士商业的发型；去掉了按图片复制，而改为在实际操作中按灵感愿望创作发型；采用了3款真人模特造型；增加了拍照环节的要求。整体而言，考核内容日趋多元、灵活，风格更接近真实环境。

技术标准的变化，从结果到过程。2015年起，世界技能组织开始推行世界技能标准规范，美发项目的技术标准由原来的偏重结果转向注重过程的考核。以2019年第45届世界技能大赛美发项目世界技能标准规范为例，评分项中近一半分数是对工作过程中“软技能”的要求，另一半是对操作技术的要求。因此，对选手的工作过程组织管理、操作规范性、交流沟通（包括跨文化交际）等能力也有了更高的要求和更为严苛的监督和评判。

命题方式的变化，从投票到盲题。2017年起，世界技能组织开始在美发在内的部分项目推行技能管理团队，即在项目首席专家之上，增设项目经理，并由项目经理带领首席专家、副首席专家共同组成各项目技能管理团队，负责项目技术和竞赛组织实施工作。由此，项目运行的相关环节也发生了变化，例如美发项目命题方式由原来的专家投票推选改为项目经理与第三方命题，赛题不提前公开，比赛现场公布。这就要求选手具备扎实的技能水平和更强随机应变的能力。

评分方式的变化，从盲评到公开。2017年起，美发项目评分方式由原来的盲评改为现场公开评分，虽然保留了本队专家在对自己选手评分时回避的原则，但是仍然增加了部分专家对技术优势的选手恶意打压的风险。

与西方发达国家相比，我国选手的优势在于操作过程中，手部动作的灵活性、稳定性和准确性，而在创意、灵感、工作组织与管理等“软技能”方面有所欠缺。一方面，这与我国美业目前的发展现状有关；另一方面，与国际时尚潮流的风尚有关。面对中西文化、审美观念的碰撞，行业高标准的挑战，以及在诸多不利因素的影响下，美发团队立足全球视野，积极地应对变化挑战，主动转变观念，全面融合标准，有针对性地调整训练计划，这也是美发项目团队在十年的参赛实践中坚持的方向，并取得了显著成效。世赛专家张瑞博士如此概括。

组建多元团队，优化训练方案，吉正龙聚合各方力量，统筹资源优势，迈出更大的步伐。

随着世界技能大赛的改革，对选手的综合素养要求日益突出。就美发项目而言，除了重点对选手的基本技能操作水平训练，还要加强“软技能”的训练。一方面，要加强选手的美学基础素养、美发基本理论知识、安全健康意识、优质服务理念；另一方面，要帮助选手开阔眼界，扩展思维，了解美发行业最新时尚潮流。只有这样，才能跳出操作的思维定式，创造性地进行发型设计，从容应对复杂环境中的各种问题。

为此，在吉正龙的倡导下，美发项目组建了多元化的专家团队，以第45届世界技能大赛美发项目专家教练团队为例，其中既有实践经验丰富的技能大师，也有理论基础扎实的学院派专家，还有在世界技能大赛中成长起来的优秀选手，为选手的训练奠定了综合全面、实力雄厚的师资基础。

吉正龙坦言，美发项目不断优化训练方案，紧跟世界技能大赛变化趋势，结合我国选手特点，不断总结经验，优化训练方案。总体而言，始终坚持理论知识是专业服务的基石、技术操作是专业服务的命脉、健康与安全意识是专业服务的主线、优质服务意识是专业服务的灵魂的训练思路，并加强对选手的体能、语言和心理训练。加强对外交流，落实保障到位。

美发师需要了解不同的文化、最新的趋势潮流、不同发型，对外交流就显得尤为关键。为了更好地备战，历届世界技能大赛美发项目都需要开展大量对外交流活动。世界技能大赛十年间，美发项目在国家人力资源和社会保障部组织下或通过项目自发联系，吉正龙先后观摩、参加了大洋洲挑战赛、欧洲技能大赛、俄罗斯技能大赛等国际邀请赛，组织了中澳、中俄等交流赛，邀请世界技能大赛首席专家多娜等多名专家来华指导。通过“走出去，请进来”，专家教练团队准确掌握了项目变化趋势，精确理解了项目技术文件，准确抓住训练核心内容，及时调整训练计划，为项目备战提供了宝贵的信息资源，有效提升了训练效率。

欧美风与中国潮的跨界对话，起初在参加亚洲大赛、世赛以及一系列国际性比赛中，吉正龙创制推导的作品，紧扣赛制主题与技术文件，运用现实与梦境交错，世界语汇表达，兼具经典时尚、当代审美、国际语境，以国际化表达呈现千古流传的华夏美发精髓，向世界更好地阐述了具有中国特色、体现中国精神的中华优秀传统美发文化，对丰富世赛各国文明互鉴产生积极推动力！

中国美业取得的成就，也得益于国家人力资源和社会保障部、地方政府、集训基地三位一体，相互补位，携手前行，为美发项目提供了强有力的保障体系。一方面，大量的对外交流活动需要各级财政的支持；另一方面，训练的日常消耗也需要持续的保障。相对于制造领域需要大型设备而言，美发项目基地建设一次性投入较低，但是日常训练消耗大，需要强有力的物质保证。

蓦然回首，千帆过尽，国家对于技能人才的高度重视，人社部门的精心组织，集训基地的有力保障，还有专家教练团队的全力配合，成就了中国美发人在世界舞台上的扬眉吐气，更将世界的先进理念、技术和标准引入国内，促进了我国美业服务质量的有效提升。同时不可否认，奖牌鲜花背后最大奉献者，当属吉正龙。

张瑞博士作为世赛研究专家，第44届中国代表团美发项目的随团技术翻译，关注世赛，关注美发，致力于美发等项目参与世赛研究，造诣颇深，有许多独特见解。

“改革开放以来，中国社会进入快速发展期，城市化进程加快，科技革命日新月异。虽然与当今的人工智能、芯片、无人机、航空航天事业等相比，美业属于大众的商业服务范畴，它并不‘高精尖’，但依然是全社会都需要的民生刚需。随着人民群众对美好生活的向往，美发关注度越来越高，审美情趣越加浓厚，审美价值与商业价值叠加，客观上行业结构、消费水平也在悄然发生变化，这是中国人普遍向上的物质基础决定的。”

张瑞博士继续说：“欧洲人注重审美，东方人、中国人注重技艺，东方人有着天然优势，善于制作精巧的东西，如小球中乒乓球、羽毛球，手指灵活，美发也一样，小巧玲珑，重视手上功夫。中国美发进入了世赛大家庭，世界最新时尚潮流与古老中国传统美发文化相得益彰，这种互补性，让美发可持续性发展，提供了更广阔的用武之地，美发产业面广，有着很好的发展前景。”

谈到对吉正龙的印象，张瑞博士满脸敬佩。

“我与吉老师是 2016 年底建立工作联系的，2017 年随队去阿联酋阿布扎比做现场技术翻译，全过程陪伴，一点一滴与他接触，感性认识积累多了很多。

“他是一个非常坚强、热情、勤奋、乐观的人，积极正向，铸魂匠心，与赛同行。一生做美发这件事，专注又专心，世赛成就了他的辉煌，美发项目之前欧美独霸天下，在吉老师带领下，开启了我国美发与世界先进水平从‘跟跑’向‘并跑’进而大尺度向‘领跑’转变。同时，他为世赛倾注了满腔热血，带领国家队征战历届世赛无数个日日夜夜，其本人特有的智慧、

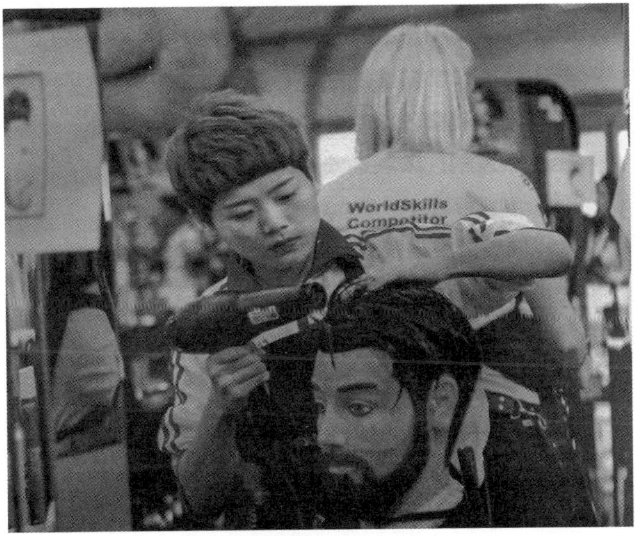


王芹在第44届世界技能大赛决赛中

在浙江省集训基地为2023年出征第10届国际残疾人职业
技能竞赛的聋哑选手辅导

情感、社会资源运用得如鱼得水，技能报国的信念感很强。他这个年纪，始终坚持学习，以赛促教、以赛促学，为职业教育改革创新，提供了更厚实的思路，善于捕捉与发现机遇，不断地追求‘新生事物’，场内外观察而来的新概念、新变化、新灵动，他都及时归纳与消化，取各家之所长，成为独特的创新能力。他务实又务虚，更注重精神层面的全力追求。他与世赛的缘分源远流长，一路靠着顽强的意志走了过来，代表先锋、时尚与进步，创作的美发作品更倾向大众化，传达文化自信、价值导向，致力于美发职业教育与世界技能大赛事业，为世界技能大赛在中国生根发芽，取得了突破性的成就，打破了技能领域被西方独霸的格局，超越了许多后发型发展中国家，树立起了中国美业可以在世界独树一帜的自信心。吉老师是中国技能走向世界前端光辉历程的见证者、践行者。”

“吉正龙眼里，每次世赛，是一趟从过往到现在，从故事到美学，从观看到内在的全新旅程，演绎高质量的中华技能走向世界的完美乐章。”

“吉老师与世界技能大赛结下深厚感情，为国家争得荣光，他殚精竭虑，‘铺路架桥’培养高技能人才‘集群’，引导职业教育学生把兴趣变为志趣，把终身技能报国、‘奋斗有我’的追求作为自己的目标，生动展示新时代工匠精神与为民情怀，为传统美发文化事业做出了贡献。”浙江省杭州市人社局副局长方海洋如是说。

## 第十八章

# 敢为人先争风流

2022 年世界技能大赛特别赛于 2022 年 9 月中旬至 11 月下旬在欧洲、亚洲和美洲等地区同步举办。作为 2022 年上海第 46 届世界技能大赛替代活动，该赛事涵盖 62 个比赛项目，同样是世界技能大赛的正式比赛。此次比赛，中国队参加 34 个项目，派出选手、专家和翻译等共 146 人分赴德国、瑞士、芬兰、法国、奥地利、日本、韩国等 7 国参赛。重庆五一职业技术学院教师聂凤作为美发项目的中国集训队教练组长，吉正龙作为专家组组长，何先泽作为专家组成员，指导选手沈文青在芬兰获得美发项目世赛特别赛银牌。

“沈文青获得了银牌！”何先泽第一时间收到这条信息时，激动得跳了起来。何先泽虽然未能亲临比赛现场，但依然难掩心中的兴奋和自豪。“中国队能够获得银牌，应该算一个振奋人心的好成绩！”何先泽表示，这枚银牌，巩固了中国美发项目的领先地位，也意味着美发工匠精神的发扬光大。

吉正龙和沈文青回到杭州，浙江省政协副主席吴晶等领导接见了他们。

杭州市人大常委会党组副书记、副主任、总工会主席郑荣胜撰文："只有湿润的土壤、良好的气候、充足的阳光才能使得小树苗长成参天大树。"

无论是吉正龙、石丹还是他们的团队，这两代人的成长，都离不开良好的社会环境。

吉正龙的个人经历，正是他成长所需的阳光雨露、土壤气候——首先，有一部分是源于他的家庭传承。身为扬州人的吉正龙，继承了扬州闻名天下的"三把刀"中的理发刀，他的叔叔、姑父都是理发师，从小耳濡目染的影响，让他身负传承家业的使命，也使他在这条道路上获得更多的力量和支持。

其次，无论是吉正龙还是石丹，他们的成长和成功，与党和国家的政策紧密相连。改革开放的时代机遇，国家重视培养技能人才的政策，给予他们肥沃的土壤、足够的养分。

再者，与社会的发展、经济的进步和人们对美好生活的追求紧密相关。经济的蓬勃发展，老百姓对美的追求与向往，使得美发行业脱颖而出，成为他们施展技能的广阔天地，社会开展的各项技能竞赛，磨炼了他们的技艺。

如果说家庭的传承、政策的支持、社会的发展与经济的进步是工匠成长的外因，那么他们自身的精神品质就是决定他们成功的内因。

"一块石头永远培育不出美丽的花朵。外因是变化的条件，内因才是变化的根本。吉正龙、石丹本身的质地是可造之才，他们的努力、坚韧、精益求精，加上良好的政策、环境、平台和机遇，使得他们长成了参天大树。不可否认，任何一个出色的工匠大师、团队的成长与成功都离不开这两方面的良性互动与支持。”

回忆比赛前的心情，吉正龙把这视为“战士出征”，他心中燃烧着一团为国家争夺荣誉的火焰。原先，本以为可以在家门口争金夺银，然而，疫情防控原因，世赛组织执委会把美发分在芬兰赛区进行。天时地利人和不占优势，但是路途再艰难，仍然要搏一下，这是荣誉，更是责任担当。

距离大赛还有 41 天、倒计时 37 天、还剩 18 天……比赛的日子渐近，吉正龙也在朋友圈开始了“打卡”，终于，2022 年世界技能大赛特别赛就要来了！

作为大赛的“老熟人”，吉正龙大师担任美发项目技术指导专家组组长，带领自己的徒弟、杭州轻工技师学院高级技师沈文青飞往芬兰赫尔辛基参赛。沈文青作为唯一一位代表杭州参与世赛的选手，也将承载着希望开启新一轮旅程。带着 8 年的沉淀、带着 7000 余个发型的经验，这次，终于出发了——

出征前，训练没有落下：每天早上先进行 2000 米的体能训练，中午 12 点到基地集合，从模块训练到技术复盘，直至凌晨 2 点才结束一天的美发练习。眼看赛期临近，沈文青也一键转换成了倒时差模式：“我们与芬兰相差 5 个小时，这样能够更好地调整比赛状态。”此前，沈文青一路披荆斩棘，在为期一年的选拔赛中，从国家队的 12 位成员里脱颖而出，获得了此次代表国家参加世赛的机会。

从第44届世赛到第46届世赛，沈文青已经三次参与选拔，最初的五强到备选再到今天的第一名，8年的时间里，沈文青不放弃任何练习的机会。一年365天，平均每天她要练习两三个发型，一天都不曾落下。“我期待很久了，这次终于能够出发了！”对于此次新的征程，沈文青满怀憧憬。

拿起修剪好的头模，结合40个发片颜色为头发染色，接发完成后，再对长发进行修剪创作。走进训练基地，沈文青熟练地摆弄着剪刀和发丝，不一会儿，一个新发型便在她游刃有余的双手下创作完成，而一旁计时器上还显示剩余充足的时间。“3个半小时内完成女士接发，并在5分钟内清理好工位和工作区域，这是世赛的要求。”沈文青介绍道，“我每天都会掐着秒表对创作时间进行严格控制，保证自己能够在限定时间内完成创作。”

暂时告别出发的喜悦、紧张、期待、不安，时间稍稍向前拨动3个月，2022年7月26日，经人力资源和社会保障部批准，2022年世界技能大赛特别赛中国代表团成立。

中国美发项目在专家组组长吉正龙的带领下，为提升选手技术实力，冲刺阶段集训在中国美发项目集训主基地——重庆五一职业技术学院开展。这次美发集训项目团队成员就包括美发项目教练组组长聂凤。聂凤是重庆五一职业技术学院的正高级实习指导教师，也是第43届世界技能大赛美发项目金牌获得者，当年实现我国美发项目金牌零的突破。

为第46届世界技能大赛特别赛银牌选手沈文青（左一）传授技艺

聂凤指导沈文青等选手备战第46届世界技能大赛特别赛

吉正龙与选手王晓珍在第10届国际残疾人职业技能竞赛现场

吉正龙与全国总工会兼职副主席高凤林参加2023年劳模工匠东营论坛

聂凤表示，芬兰世赛特别赛因技术文件及头模耗材型号的调整，对于专家教练团队来说是极大的挑战，需要在较短时间内提升选手的现场应变能力和更好的作品创意力。在专家组长吉正龙的统筹安排下，团队精准分工，制订了科学的集训计划。在指导选手过程中，聂凤专门负责设计女士发型与色彩，为此她查阅了上百款国内外作品女士发型颜色搭配案例，结合本项目色彩特点，设计出特定的两款颜色，为选手比赛现场调色提供强力支持。

吉正龙介绍，本次代表团由第46届世界技能大赛备赛选手、中国技术指导专家组组长和翻译等，共146人组成，于10月上旬至11月下旬，分赴瑞士、法国、芬兰等7个国家参加34个项目比赛。

本次美发项目比赛共分为女士造型、女士接发、女士走秀和会议造型、女士长发和会议造型、男士古典和胡须、男士造型、化学改造七个模块，需在10月20日至23日完成所有赛程。沈文青表示："此次比赛，杭州市为我们提供了训练基地，还专门派了专家教练进行一对一辅导，我也会尽自己最大的努力赢得佳绩!"

在沈文青看来，此次比赛既是结束，也是一个全新的起点，要在竞逐中传承工匠精神。

2022年10月24日下午，2022年世界技能大赛特别赛芬兰赛区闭幕式在赫尔辛基举行，美发项目选手沈文青斩获银牌。

"作为一名教师，在比赛结束后，我会将学习到的成果转化为教学方面的专业知识，传授给更多学生，培养新的一批技能人才，把‘精益求精’的工匠精神传承下去。”

2022年世界技能大赛特别赛收官后，老师们将回到重庆五一职业技术学院继续从事教学工作并积极传播世赛经验。“功成不必在我，功成必定有我。”参与的专家、老师们如是说。

吉正龙的成长性，在于把国家荣誉、团队力量、技能报国、选手成才融化成一个整体的思维形态。他这大半辈子，与美发赛事结下了姻缘。从亚洲发型化妆大赛、世界技能大赛、中华人民共和国职业技能大赛，一路上都留下了他孜孜不倦的影子，从未缺席。世界技能大赛组织主席西蒙·巴特利先生每次见到他，都会热情地跟他打招呼，做一些简单的交流。每次聊起中国队，西蒙先生总会脱口而出“中国队真棒”，这样的评价，让吉正龙由衷感叹。

中华人民共和国第一届职业技能大赛（简称：第一届全国技能大赛）是由人力资源和社会保障部主办，广东省人民政府承办，广东省人社厅、广州市人民政府协办的全国性职业技能大赛。第一届全国技能大赛以“新时代 新技能 新梦想”为主题，于2020年12月10日至13日在广东省广州市举办。大赛共设86个比赛项目，其中，世赛选拔项目63个、国赛精选项目23个，全国各省（区、市）、新疆生产建设兵团和有关行业组成36支代表队，2565名选手、2383名裁判参赛。

2020年12月10日，习近平总书记致信祝贺首届全国职业技能大赛举办。吉正龙担任全国技能大赛美发项目裁判长，因其履职尽责，受到组委会表彰。

路虽远行则将至，事虽难做则必成。

2022年5月，吉正龙接到中国残联的任务。鉴于他在美发界成就卓著，且有长期带队比赛经验，聘任他组织全国残疾人参加世界技能大赛美发项目选拔赛，参加2023年3月在法国梅斯举行的第10届国际残疾人职业技能竞赛。

吉正龙二话没说，一口答应，有条不紊与中国残疾人联合会相关部门组织制订计划，着手编写相关参考提纲。2022年8月在浙江嘉兴组织选拔赛。通过选拔赛最终确定了两名选手赴法参赛，一名肢残选手；一名聋哑选手王晓珍，她也是第六届全国残疾人技能竞赛第一名、第10届国际残疾人美发技能竞赛种子选手。

对吉正龙而言，国际残疾人职业技能竞赛虽然基本与技能大赛规则一样，但是，组织残疾人参加世赛，从未有过。对于中国美发项目也是头一遭，只能摸着石头过河。残疾人与正常人不一样，残疾人参赛没有年龄规定，残疾选手只比三个模块，用时5个小时。肢残选手语言没有障碍，而聋哑人选手涉及手语翻译。起先手语翻译表达不完整，吉正龙心急如焚，向中残联进行了反映。中残联同志说，要不再配一个手语翻译？吉正龙想了一下，费用成本会增加，尽量采用文字沟通，虽然会比较吃力，但困难必须克服，吉正龙说道："残疾人与正常人有时候理解上略微不同，这需要做大量的后续工作。"国际残疾人大赛工作安排，共分三个阶段，第一阶段：选手了解技术说明，对比赛涉及的试题、比赛模块、流程等进行讲解，并进行实际操作。第二阶段：选手根据试题要求进行适应性训练，包括时间的控制、作品与试题是否接近等。第三阶段：强化训练和倒时差训练，让选手提前适应法国时间，到比赛时才能更好地发挥技术水平。

“每天早上 9 点开始训练，上下午各一个模块，做完就进行技术指导和点评，要求完全按照比赛来。晚上 9 点再开始总结点评。”

吉正龙在中残联天津会议上，谈了这三条初步打算和具体安排，得到与会专家和领导的认同。

“随着比赛临近，倒时差训练成为重中之重，3 月 10 日至 20 日，比赛开始前，还开展了一次为期 10 天的集中训练，考虑参赛选手心理压力比较大，聘请心理专家用一天时间进行心理辅导。”

吉正龙一口气复述，他自己也笑了，我连忙说：“您处处为工作考虑，节省成本。”吉正龙不假思索地说：“呵呵，我跟中残联说了，不收一分钱，带队其他参赛，培训、场地各方面，我都是无偿提供，何况是为残技会。为残疾人事业做点贡献，义不容辞，责无旁贷。”

“2023 年就没有停下来，法国残疾人世赛结束后，国内要举行第七届全国残疾人职业技能大赛，2 月 15 日至 17 日已经召开专题会议，我也去给命题组进行了培训。”他笑了笑，接着补充道。

参加法国残疾人比赛出发前，浙江省政府领导来到吉正龙大师工作室，亲切看望残疾技能健儿备赛情况。

法国当地时间2023年3月25日，第10届国际残疾人职业技能竞赛，中国代表团取得了6金7银6铜的优异成绩。吉正龙第一次带队参加世界残疾人技能竞赛，力克群雄，勇闯美发项目“无人区”，浙江聋哑选手王晓珍夺冠，福建肢残选手潘志超斩获铜牌。不鸣则已，一鸣惊人，中国代表团美发项目首次参加比赛就取得如此佳绩！人社部、中国残疾人联合会向中国代表团发去贺电。

聋哑选手王晓珍是近几年脱颖而出的一匹黑马，她的优势是技术好，做事很专注，不受外界干扰。她引起了吉正龙的关注，为她一路成长没少花心思。兔年正月初八，王晓珍进入杭州基地，开始了为期45天的全封闭训练，除了吃饭，手上没有片刻的停歇。王晓珍此时充满了巨大的心理压力，她哭了两次，几乎到了崩溃的地步。吉正龙劝她先回家一次，她也不肯。吉正龙只好给省残联主任打电话，说王晓珍可能想老公和女儿了，让她老公来一次，舒缓她的心理压力。在吉老师的关怀下，王晓珍终于扛住了压力，最终勇夺冠军。

王晓珍不仅在业务上持续长进，还在政治上不断有新的提升。2021年起每月一次，她到当地国家盲人门球基地义务为运动员剪发，平时主动为老弱病残上门义务服务。一把剪刀，一家小店，温暖了整个塘栖小镇，“无声理发师”自强不息、服务社会，成为淳安县学雷锋标兵。

吉正龙在业界声名鹊起，被杭州市作为最早一批高技能人才引进。被业界公认“聪明好学、有灵性”的吉正龙也用他所有的情怀来拥抱这一份美丽事业。专心琢磨美发技艺，创作新发型，成为吉正龙的全部爱好。

1993 年，吉正龙被聘为美发项目国家队教练。从那时起，这一身份，他从第 17 届亚洲大赛坚守至第 41 届。就这样，吉正龙与美发紧紧地联系在一起，再也不能分开。技能报国，成为他一生的主题。

吉正龙连续做了三届杭州市拱墅区政协委员，他尽职履责，尤其关心青年职业技能的提升。近年来，他连续三年提交了提升职工技能的提案，每一份提案都凝聚了他的心血。他递交的《关于加强职工技能可持续发展》《加紧对职业技能教育改革建议》等，获得了省市区相关部门的重视与答复，被评为“先进提案”。

“通过美发这个行业，传递社会无穷无尽的正能量，提升美业在老百姓心目中的地位，一方面要美业人始终弘扬传统文化，在创新中求生存，开新局，获取社会认同感；另一方面，国家要对美业从业人员加大思想政治教育力度，唤醒他们时代主人翁意识，切实关注他们的健康成长。”吉正龙说。

# 后 记

# 他是我们这个时代应该追的星

这几年由于疫情防控，一下子有了很多时间。打量周边，找寻身边的可爱，对抗平庸琐碎的日常，有了足够想把吉正龙创业人生写完的念想。

我比他长 4 岁，落向人间，都背负着共同命运，唱着东方红，长在红旗下，读着《谁是最可爱的人》，听着《春天的故事》，拥抱着科学的春天，光荣属于八十年代的新一辈等时代元素，逐渐融入改革发展的浪花里。他是地地道道的扬州农民，世代理发，家境贫寒，以农民工身份，背井离乡，只身到杭州学起理发，四十年风雨兼程，钻研技术，十年初心不变，带领中国美发技能健儿，创造辉煌成绩，形成独特的吉正龙美发理论体系。我呢，在团市委、《青年报》工作过，后来在《中国消费者报》做记者，跑财贸，刨字为食，无论是思想、性情、为人，与吉正龙都称得上是朋友与兄长。此外，我从小在上海金山农村生活过，我和吉正龙意趣相投，不知是否与我们共同的乡村经历有着更为内在的联系。而吉正龙更像一个讲故事的人，一直深度凝视和讲述美发界的风物、人情世故、旧事及创业的心灵史，这种交往的踏实感和拒绝任何伪饰，正如美发伦理一样，让人觉得靠谱与舒心。年轻人对头发的执念发展到了疯狂地步，发型成了他们的命根子，美发记忆是生活基因；小人物的悲惨命运，悬念横生的坎坷生活中起起伏伏的矛盾冲突才是人生高分剧，才能引发读者的代入感；对吉正龙，社会上很多人不了解，觉得他是个陌生的人物，这种种，都给我的写作增加了难度。报告文学与小说、电视剧是不一样的，它遵循主人公原汁原味的精神内核，而不是纯艺术创作。从这个角度上说，吉正龙从苦难中走出，意气风发地创造神话——成为“中国美发大师”，尽显匠人本色，塑造中国美业人仰望星空，传承传统文化，扮靓百姓美丽生活的可贵品质，这本来就有很强的可读性。

在吉正龙心里，蔡万江恩师对他的人生成长起到了至关重要的作用。师父 9 岁学剃头，14 岁跑到上海大码头创业，在擅长长波浪的基础上，又开创风靡都市的“花瓣色”，发明了“滚剪”“捉剪”等立体修剪法。蔡大师从最初教会他手腕这“手架子”要活络，嘴巴要客气，这样才能把生意兜住之外，到后来，将他的盘发绝活“一发多变”，全部教给了他。

此时，吉正龙感到很幸运。当初蔡万江见他有灵气，学习上有股韧劲，破例收他为徒。1992 年起，吉正龙每周一天从杭州来到上海“沪江”，让蔡大师手把手地教他。每次，吉正龙都要赶凌晨三四点钟的火车到上海，晚上十一点多回杭州，有时候站在大师身边观摩，一站就是四五个小时。蔡万江也会不厌其烦地抽时间到杭州传经，由此，吉正龙受到了蔡大师系统而严格的海派美发技艺训练。

2019 年，蔡万江大师去世。吉正龙内心很痛苦，在一次工匠论坛上，他深切缅怀自己的恩师，说道："我拜蔡万江先生为师，先生教我学理发，他毫无保留地把技艺传给了我，又教我做人。他是扬州人，与我是老乡，也是一个从贫穷中走出来的理发大家。他身上葆有朴素无华、顽强坚韧的品质，80 岁还在做公益，带教传艺，同时又历练修成为一位超凡的发型艺术家。他所具有的梦想、奋斗、仁爱和创造智慧，是无数后学们学习的榜样。"

这是吉正龙对自己老师的纪念，也是他对自己人生的一种鞭策。

若有才华藏于心，岁月从不负勤奋人。在那个年代，要想闯出一片天是不容易的。但是，他没有放弃，而是坚定自己的信念，提升自己的学历、能力、工作经验，为顾客理好发。吉正龙专注一件事——手艺活。也正是他的付出，才得到更多的认可和夸赞，走到人生高光时刻，这才是我们这个时代应该追的星。

与他交往多了，自然而然仿佛熟悉又陌生的风声，驶向我们曾经到过的地方。他从一无所有的年轻人，锻造成了行业先锋。他薪火相传，缔造商业服务业独角兽，激励人们在大变局中守住初心，弘扬劳动者勇往直前的创业精神，尊重人心，构建城市化人情味，意气风发地砥砺前行，弘扬劳动价值与城市文明……这一切，启迪人心，有着普遍的教育意义。

吉正龙的故事，是改革发展浪潮中的一个典型范例，呈现了当代中国美发技师的卓越智慧与创新气量、文化意象，他又作为大国工匠、中国新时代社会主义商业服务业风云人物，在"劳动光荣，奋斗有我"语境中，实现人生每一次大尺寸跨越，也弥补了美发作为中国传统文化走向世界的空白。技能教育是永不落幕的话题，民族进步、繁荣昌盛引擎，成为本书点睛之处。中国世赛天津研究中心研究员张瑞博士说，这也许是国内第一本写美发特级技师的书籍。我没有考证过。也许，普通人物的故事，往往会吸引读者的好奇心，"张望"打量着他人的内心与生活。

吉正龙的故事，看似撒满花瓣，实则艰辛孤独，是个织梦的过程。

我的写作，就是把他的人生，浓缩成小小的片段，为每一个人的前路做一个参考。

我希望用文字诠释一个共同的主题：人生美好，我们尽可能在正确的时间里做正确的事。

他的人生起跑线与当今几千万打拼在社会第一线、从事最底层工作的年轻劳动者的人生经历，相似度极高。没有显赫的家庭背景，没有城市文化的熏陶，没有拿得出手的学历文凭，他完全靠的是为人的本分、辛勤的劳作以及强烈的通过诚实劳动改变自己命运的愿望。功成名就后，不为名利所诱惑的初心，让他实现了人生的逆袭。

写完本书，感到一种朴素的快乐，是一种对生命、生活这些命题找到后的清晰的快乐。让这些小短篇盛入一个真实存在的容器，我为它们的新意义感到高兴。那些光芒，将我们这些平淡的打工人，照耀成将来的传奇。

本书创作过程中，人社部职业能力建设司，中国残疾人联合会，上海市总工会，杭州市人力资源和社会保障局，天津职业技术师范大学世界技能中国（天津）研究中心，上海市劳模协会劳模学员分会，上海潘多拉美发有限公司，杭州琴美健康管理有限公司，扬州市天姿美发美容管理有限公司，世赛研究专家张瑞，资深媒体人郑蔚、张红星、赵思宇等给予帮助，在此，一并感谢。

# 主要参考文献

《扬州理发刀》，王资鑫撰稿，江苏科学技术出版社。

《中国世赛十年》，世界技能大赛中国（天津）研究中心编著，中国劳动社会保障出版社 2020 年 11 月版。

**图书在版编目（CIP）数据**

吉正龙：中国美发大师 / 朱强著．—上海：文汇
出版社，2023.6
ISBN 978-7-5496-4028-7

Ⅰ.①吉…　Ⅱ.①朱…　Ⅲ.①吉正龙–事迹　Ⅳ.
① K828.9

中国国家版本馆 CIP 数据核字（2023）第 083793 号

吉正龙：中国美发大师

著　　者 朱　强
审读编辑 郑　蔚
责任编辑 徐曙蕾
装帧设计 高静芳

出版发行 文匯出版社
上海市威海路755号
（邮政编码200041）

照排　南京理工出版信息技术有限公司
印刷装订 上海颛辉印刷厂有限公司
版次　2023年6月第1版
印次　2023年6月第1次印刷
开本　890 × 1240　1/32
字数　167千
印张　8.5

ISBN 978-7-5496-4028-7
定价　68.00元